交通运输类“十三五”创新教材
中华人民共和国内河船舶船员适任考试培训教材

船舶电气设备操作与管理

（二、三类）

中国海事服务中心组织编
主编 ◎ 王松明 刘光银 姚昌栋

大连海事大学出版社

图书在版编目(CIP)数据

船舶电气设备操作与管理 : 二、三类 / 王松明等主编. — 大连 : 大连海事大学出版社, 2020. 12(2024. 12 重印)
中华人民共和国内河船舶船员适任考试培训教材
ISBN 978-7-5632-4044-9

Ⅰ. ①船… Ⅱ. ①王… Ⅲ. ①船用电气设备—技术培训—教材 Ⅳ. ①U665

中国版本图书馆 CIP 数据核字(2020)第 251757 号

大连海事大学出版社出版

地址:大连市黄浦路523号 邮编:116026 电话:0411-84729665(营销部) 84729480(总编室)
http://press. dlmu. edu. cn E-mail:dmupress@ dlmu. edu. cn

大连金华光彩色印刷有限公司印装 大连海事大学出版社发行

2020 年 12 月第 1 版 2024 年 12 月第 4 次印刷
幅面尺寸:184 mm×260 mm 印张:10 字数:246 千

出版人:刘明凯

责任编辑:董玉洁 责任校对:苏炳魁
封面设计:解瑶瑶 版式设计:解瑶瑶

ISBN 978-7-5632-4044-9 定价:28.00 元

中华人民共和国内河船舶船员适任考试培训教材
编委会

前　言

根据《内河船舶船员适任培训和考试大纲(2019版)》,中国海事服务中心组织在内河船舶运输领域有着丰富教学和培训经验的专家在2016年培训教材的基础上重新编写了"中华人民共和国内河船舶船员适任考试培训教材",并组织实践经验丰富的海事管理机构专家和船公司的指导船长、轮机长对教材进行了审定。

在本套教材编写前,中国海事服务中心组织参编专家对内河船舶运输现状进行了广泛的调研和深入的讨论,确保教材内容符合船上实际,反映最新航运技术和与航运相关的最新法律、法规、规范与标准,并在表达方式上通俗易懂,符合内河船舶船员业务学习和技能培训的需要。

本系列教材分驾驶专业和轮机专业两类:驾驶专业包括《船舶操纵》《船舶值班与避碰》《船舶引航》《船舶管理(驾驶专业一类)》《船舶操纵与引航(二、三类)》《船舶管理(驾驶专业二、三类)》;轮机专业包括《主推进动力装置》《船舶辅机》《船舶电气设备》《船舶管理(轮机专业一类)》《船舶机械设备操作与管理(二、三类)》《船舶电气设备操作与管理(二、三类)》《船舶管理(轮机专业二、三类)》。

《船舶电气设备操作与管理(二、三类)》由江苏海事职业技术学院王松明、重庆交通大学刘光银、南京油运海员培训中心姚昌栋和江苏海事职业技术学院马理胜主编。全书由王松明负责统稿,江苏航运职业技术学院安亮、中国海事服务中心申益群主审。

《船舶电气设备操作与管理(二、三类)》全书内容共分八章。第一章为安全用电常识,第二章为电工基础知识,第三章为同步发电机的操作,第四章为电力系统管理,第五章为电站操作与管理,第六章为用电设备操作,第七章为船舶常用低压电气设备,第八章为机舱控制系统。本书适用于内河船舶轮机专业二、三类证书船员适任考试培训,也可供航运企业内部培训使用,还可作为大、中专院校内河船舶轮机专业或同类专业的教学参考书。

在教材编写过程中得到了各海事机构、航运院校、船员培训机构、航运企业等相关单位的关心和大力支持,特致谢意!由于时间仓促,书中难免存在错误和疏漏,欢迎广大读者和专家批评指正。

中国海事服务中心

2020年7月

扫码学习《深入学习贯彻党的二十大精神　加快建设交通强国　当好中国式现代化开路先锋》

目　录

第一章 安全用电常识

第一节 安全用电

由于船上特殊的环境条件，一般来说，普通陆用电气设备不能直接用于船上。为了保证船舶的航行安全，各国船级社对船舶电气设备的技术条件和监督检测标准都有明确的规定。某些重要电气设备的设置和安装要符合《国际海上人命安全公约》的规定。

一、触电伤害的种类与触电方式

1. 触电伤害的种类

当人体触及带电体，或带电体与人体之间闪击放电，或电弧波及人体时电流经人体进入大地，或通过其他导体形成导电回路，人体受到较高电压或较大电流伤害，造成人体局部受伤或致残甚至死亡的现象称为触电。按照人体被伤害的不同程度，触电分为电伤（外伤）和电击（内伤）两种。

（1）电伤是指电路放电时，由电流的热效应、化学反应、机械效应对人体外表造成局部伤害，一般会在肌体上留下伤痕。常见的电伤有电灼伤、电烙印和皮肤金属化。电灼伤的特征是皮肤红肿、起包或烧焦。皮肤金属化是发生电弧时，熔化或蒸发金属微粒喷射并渗入皮肤内的表皮损伤。

（2）电击是指人体直接接触带电体时，电流通过人体内部器官造成的伤害。人遭电击时，轻则疼痛麻木、肌肉抽搐；重则引起强烈痉挛、呼吸困难、失去知觉甚至心脏停止跳动，停止呼吸而死亡。

2. 触电方式

由于人体在触电时接触带电体的方式不同，电流流过人体的路径和伤害程度也不一样。人体的触电方式一般分为三种：

(1) 双线触电：人体同时接触两相电压，承受的是线电压，危险性最大，如图 1-1(a) 所示。

(2) 单线触电：人体在电源中性点不接地的绝缘系统中触电，此时人体电阻与另外两相的绝缘电阻和寄生电容串联后接于线电压，其危险程度取决于人体电阻、相线与船体之间的绝缘电阻和电网寄生电容的大小，如图 1-1(b) 所示。

(3) 单相触电：在电源中性点接地的三相四线制系统中，人体碰触某相电压，电流通过人体、船体和中性接地点形成闭合回路而触电，相电压对人体的危险性仍然较大，如图 1-2 所示。

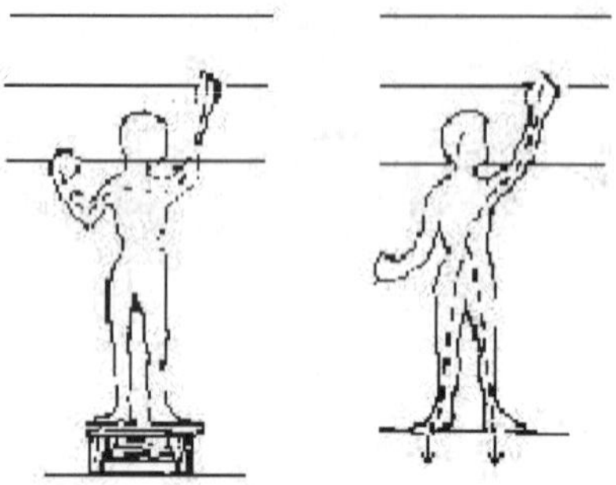

(a)双线触电　　(b)单线触电

图 1-1　双线触电、单线触电

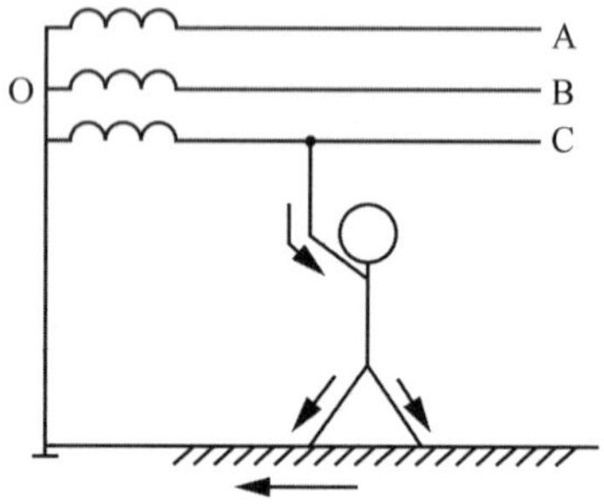

图 1-2　电源中性点接地的单相触电

二、触电原因

由于缺乏安全用电常识或对电气设备的使用管理不当，触电事故时有发生。客观上，电气设备的绝缘损坏使不带电的物体带电，是发生触电的最大隐患；而环境条件对造成触电有着重要影响。人体任何两点直接触及（或通过导电介质连通）不同电位的带电体都可能发生触电事故。钢质船舶，整个建筑是一个良导体，且空间狭窄，设备密布，人体经常碰触电气设备的金属壳体或构架。加之高温、潮湿等恶劣环境条件，容易造成绝缘损坏，或安全接地因腐蚀或锈蚀而失去保护作用等。因此，船舶属于触电危险场所。

三、人体触电电流及安全电压

触电对人体伤害的程度与通过人体电流的大小、种类、路径和持续时间有关，电流的大小决定于人体两点的接触电压和人体电阻。人体总电阻是皮肤角质层电阻和体内电阻之和。皮质电阻约为 40～100 kΩ，而体内电阻为 600～800 Ω，但皮肤潮湿、不洁净或有伤口时，皮肤角质层电阻可下降到 1 kΩ。因此人体电阻不是固定的常数，而且实际触电时的人体电阻和电流还与人体的触电部位、接触面积和接触紧密程度等有关。

危险的触电电流通过人体，首先是使肌肉突然收缩，使触电者无法摆脱带电体，以致麻痹中枢神经，导致呼吸或心脏跳动停止。0.6～1.5 mA 的工频交流电流通过人体开始时有感觉；

8~10 mA 时手已较难摆脱带电体;几十毫安通过呼吸中枢或几十微安直接通过心脏均可致死。因此,电流通过人体的路径不同,其伤害程度不同。手和脚之间或双手之间触电最为危险。

所谓安全电压是指对人体不产生严重反应的接触电压。根据触电时人体和环境状态的不同,其安全电压的界限值不同。国际上通用的可允许接触的安全电压分为三种情况:(1)人体大部分浸于水中的状态,其安全电压小于 2.5 V;(2)人体显著淋湿或人体一部分经常接触电气设备的金属外壳或构造物的状态,其安全电压小于 25 V;(3)除以上两种情况外,对人体加有接触电压后,危险性高的接触状态,其安全电压小于 50 V。

根据发生触电危险的环境条件,我国则是将安全电压分为三种类别,其界限值分别为:(1)特别危险(潮湿、有腐蚀性蒸气或游离物等)的建筑物中,为 12 V;(2)高度危险(潮湿、有导电粉末、炎热高温、金属品较多)的建筑物中,为 36 V;(3)没有高度危险(干燥、无导电粉末、非导电地板、金属品不多等)的建筑物中,为 65 V。

可见"安全"电压是相对的,在某种状态或环境下是安全的,当状态或环境发生变化时就可能是危险的。特别是触电作用时间是触电安全的重要因素,即使是可摆脱的电流,若在 20~30 s 内未能摆脱,也会由于电流的热效应、化学效应等,使人体出现发汗、电阻下降以及一系列的病理变化,仍会造成伤亡事故。

四、触电急救注意事项

(1)就近拉断电源开关,用干燥不导电的衣物、器具使触电者迅速脱离电源,人体各部分都不可直接触及触电者,避免连带触电,还要注意触电者脱离电源时的碰伤或摔伤。

(2)将触电者置于通风温暖的处所,对呼吸微弱或已停止呼吸但心脏有跳动的要实施人工呼吸抢救,呼吸和心脏都已停止的要实施人工呼吸和人工心脏按压抢救。

第二节 触电安全防护措施

一、预防触电措施

(1)经常检查、维护电气设备的绝缘和壳体的安全接地,以消除触电隐患。

(2)禁止带电检修设备,特殊情况下须使用绝缘合格的工具和护具进行带电操作。

(3)必须按照操作规程及正确的操作方法对电气设备进行操作。

(4)非安全电压便携式电气设备及其电缆、插头等的绝缘容易损坏,安全接地芯线容易折断而不易觉察,使用前必须仔细检查。

(5)若电气设备发生火灾时,不能直接用消防水龙灭火,以避免触电。对电气设备最好用二氧化碳灭火器灭火,既避免触电或产生有毒气体,又对电气设备不产生有害的腐蚀作用。

二、保护接地

保护接地是将电气设备在正常情况下不带电的金属壳罩或构架等，与地做良好可靠的金属连接，一旦发生这些部件带电时，使站在地上的人体的接触电压和人体电流接近于零。中性点对地绝缘的低压电力系统宜采用这种保护接地。图 1-3(a)所示的虽然是中性点绝缘系统，但由于配电线路与地之间存在着分布电容以及对地的绝缘电阻，故人体触及带电体仍与系统构成交流回路。由于有远小于人体电阻的接地电阻 R_0 与其并联，故通过人体的电流 $I_b \approx 0$。

三、工作接地及保护接零

电力系统的中性点接地就是工作接地。在三相四线制低压电力系统中为防人员触电，将电气设备的罩壳等与系统的零线连接，即保护接零，如图 1-3(b)所示。当电气设备某相绝缘损坏碰壳时，通过零线构成单相短路。因这种单相短路电流较大，可使电气设备的继电保护开关或熔断器断开。从而既避免了人身触电，又迅速切除了故障设备，保证了其他电气设备的正常运行。即使在保护电器断开之前触及外壳时，也由于人体电阻远大于回路电阻而使流过人体的电流极小而避免了人身触电伤害。

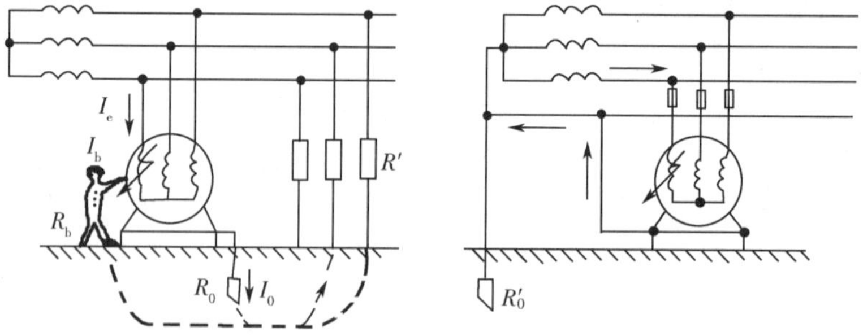

(a)保护接地　　(b) 工作接地，保护接零

图 1-3　安全保护措施

第三节　电气设备防火、防爆常识

一、船舶电气火灾的预防

据有关部门统计，由船舶电气线路和电气设备故障引起的火灾约占船舶火灾事故的30%，船舶火灾不仅直接影响船舶的安全运输，同时也给广大船员和乘客的人身安全及国家财产造成很大威胁。因此，防止电气火灾，是船舶防火工作的一个重要方面。

燃烧和爆炸是同一化学反应，当空气中所含可燃气体达到一定的浓度比例时，由于氧化反应的传播速度极快，燃烧将变成爆炸。爆炸和燃烧都产生大量的光和热，但爆炸还伴随由于气体急剧膨胀而发出的巨大声响。

燃烧和爆炸须同时具备三个条件:有可燃性气体或物质;有空气或氧气;有火源或危险温度。只要这三个条件不同时存在,就能避免燃烧和爆炸。

1. 电气设备起火的原因

船舶电气设备的短路、过载、绝缘老化以及某些故障都是火灾的隐患。这些隐患主要是作为火灾的热源或火源。电气设备的热源或火源包括正常的和非正常的,如各种触点正常开断火花以及绝缘的短路点、线路破断点等产生的非正常火花;有正常高温元件,如电灯等;也有非正常高温,如:

(1)电气设备(特别是插座)进水形成短路或接地,在短路或接地点局部发热。

(2)导体的连接点的松动、氧化、腐蚀等引起接触电阻过大,造成局部发热。

(3)电气设备或电缆长期超负荷工作,或由于短路故障、非正常电压等引起电流过大,使温度过高而可能引起火花。

(4)由于乱接、乱拉电线,或在插座上接用超过线路允许载流量的电热器或其他用电设备而造成线路过热。

(5)其他原因造成的绝缘强度下降或绝缘破坏,发生短路、接地故障,引起局部过热。另外,有可燃物质出现在不该出现的地方和空间,这就为正常工作的电气火源或热源提供了可燃物质,从而成为火灾的隐患。例如,违禁使用四氯化碳作清洗剂;或用汽油清洗机器部件时未采取有效的防火措施,未注意良好通风,以致有油气积聚等。所以对电气设备的防火要求是避免发生和注意消除上述各点的火灾隐患。应定期检查电气设备的绝缘,确保绝缘状态良好。在易燃易爆场所必须使用合格的防爆电气设备。

2. 电气设备防火要求

(1)电气设备防火的一般要求

①经常检查电气线路及设备的绝缘电阻,发现接地、短路等故障时要及时排除;

②电气线路和设备的载流量必须控制在额定范围内;

③严格按施工要求作业,保证电气设备的安装质量;

④按环境条件选择使用电气设备,易燃易爆场所要使用防爆电气设备;

⑤电缆及导线连接处要固定牢靠,防止松动脱落。

(2)船舶静电的危害及预防措施

任何两种不同物质的摩擦、紧密接触-分离、受压、受热或感应都能产生正负电荷分离的静电现象。液体的流动、过滤、搅拌、喷雾、飞溅、冲刷、灌注、剧烈晃动等过程,都可能产生十分危险的静电。人体和衣着也会产生危险的静电。穿脱毛料与合成纤维衣物时,由于摩擦和接触-分离所产生的静电电压,可高达数千伏至数万伏,足以引燃周围爆炸性气体。人体是静电的良导体,人体处于带电的静电空间因感应即成为一个独立的带电等位体,人体与地或与周围物体之间达到一定的电位差时就会放电。因此在静电危险场所的工作人员应穿导电性好的服装和工作鞋。在货油舱甲板上禁止穿脱衣物。由生活居住区进入货油舱区前,应触摸专设的用来消除静电的金属板,以防止人体带静电进入危险区。

此外,船舶在航行中除预防直接雷击外,还应注意由于带电低云层的静电感应,会使船舶金属体感应带电的状况。船舶航行与空气的摩擦也能使金属体带电。

由于上述种种原因产生的静电积累到一定程度就会在突出部位产生放电，成为火灾和爆炸的隐患。特别是油船，存在可燃气体的空间较大，容易引起爆炸，所以油船除了安装避雷装置外，还必须配备消除静电的装置。

(3)油船和散装化学品液货船电气设备的防火措施

油船和散装化学品液货船防火极为重要，因此油船和散装化学品液货船的电力系统和一些电气设备的安装都有一些附加的特殊要求。例如，对油船的电力系统要求：

①不论是直流或单相、三相交流电力系统，都必须是对地绝缘的系统，即发电、供电和配电电路均不应接地，更不能以船体为回路。但允许使用互感器二次绕组、抗无线电干扰电容器及网路绝缘监测器接地；允许内燃机启动点火系统的接地回路。

②不同电压等级的网络不应有电气上的连接。

在有引起爆炸或可能引起爆炸的区域和处所，原则上不准安装电气设备(包括电缆)。必须安装的一些电气设备都应是防爆型的和本质安全型的。所谓本质安全型的电器和电路，就是其在正常或故障情况下都不能引燃可爆炸性气体。本质安全型设备主要用于危险处所的测量、监视、控制和通信。安装的一些插座也都是带开关联锁的插座，只有当开关断开电源时，插头才能插入或拔出，以避免产生火花。在这些危险处所电气设备的控制开关和保护装置都设置在安全区，并设有永久性标志，以便识别。

作为船上工作人员，不允许在这些有危险的区域拉临时电线或安装临时设备；不允许使用带电缆的便携照明或普通手电筒，应使用合格的防爆照明器。在油船及散装化学品液货船上禁止挂彩灯。

3. 电气设备的灭火

电气设备着火时，不应立即用水龙灭火，以防止水柱导电。正确的做法是首先迅速切断着火电源，然后用二氧化碳、干粉或卤代烃(1211)灭火器等灭火。但需停电时应注意尽量缩小停电范围。

二、船舶电气设备的船用条件及船检规定

船舶电气设备的工作环境要比一般陆地条件恶劣得多，船舶处于连续运动状态，存在着机械振动和冲击，经常处于倾斜和摇摆状态。船内一些处所温度高、湿度大，空气中又含有盐雾、油雾等腐蚀和污染性气体。这些环境条件是一般陆用电气设备难以承受的，即便是船用电气产品，相当多的故障也是源于环境条件。因此船舶电气设备必须符合船用环境技术条件。

1. 适应振动和冲击的条件

要求电气设备应能承受船舶正常运营所产生的振动和冲击。由于振动可使电气设备的固定或连接部件松脱，使部件结构损坏或失灵，因此这些部件要有防松脱的措施；对受振动影响较大的设备应有减振或隔振措施，并且具有坚固的耐振动和抗冲击的机械结构。

2. 适应倾斜和摇摆的条件

要求船舶电气设备在表1-1所列的条件下应能有效地工作。持续的倾斜和摇摆，破坏了正常静止位置时力的平衡，对运动部件产生附加力，导致设备故障或损坏。例如，电机转子对轴承产生轴向推力或出现轴垂现象，使轴承受到损害以及使滑动轴承的油环不能做正常润滑

运动;使继电接触器的衔铁部件不能正常动作等。因此要求船舶电气设备在结构上、技术条件上和安装方式上要能适应这种条件。例如,电机轴端游隙要小,应采用轴向直立安装或沿船舶纵向卧式安装,电磁接触器要有足够的电磁吸力和弹簧释放力等。

表 1-1 倾斜角

设备组件	横倾	横摇	纵倾	纵摇
应急设备、开关设备、电器及电子设备	22.5°	22.5°	10°	10°
上列以外的设备或组件	15°	22.5°	5°	7.5°

3. 适应环境温度条件

船舶环境温度一般为−25~+45 ℃,锅炉舱的电气设备规定为 50 ℃。环境温度对电气设备性能和使用寿命有重要影响。船舶电气设备应能在表 1-2 所列的初级冷却海水温度和标准环境温度下正常工作。

表 1-2 环境温度

介质温度	空气温度(℃)			海水温度(℃)
电气设备安装处所	封闭处所内	高于 45 ℃、低于 0 ℃处所	开敞甲板	热交换器入口
无限航区	0~45	按该处所温度	−25~45	32
除热带海域的有限航区	0~40	按该处所温度	−25~40	25

4. 耐潮湿、盐雾、油雾和霉菌的环境条件

环境空气的潮湿、盐雾、油雾和霉菌使电气设备绝缘材料的绝缘性能下降,使金属部件产生锈蚀和腐蚀。因为潮湿和盐雾在绝缘材料表面形成潮湿的漏电薄膜,在湿热条件下霉菌分泌有机酸,加剧了表面的潮湿性。油雾和灰尘黏附于表面也增加了表面的漏电,而且阻碍散热使温升增高。潮湿的水分子渗入绝缘材料的裂缝和毛细孔中,使体积漏电流概率增大,从而导致绝缘电阻的下降。

如果某些设备没有专门的船用电气产品,则可考虑采用经"三防"(防潮湿、防盐雾、防霉菌)处理过的陆用产品代替,但需征得有关船级社的认可。

5. 适应船舶电网电压和频率的变化

船舶电力系统是一个独立的有限电网,电压和频率均受负载变化的影响,特别是频率的变化与陆上差别较大。因此要求船舶电气设备应在表 1-3 所规定的电压和频率的变化范围内能有效地工作。

表 1-3 电压和频率的波动

设备	参数	稳态(%)	瞬态	
			(%)	恢复时间(s)
一般设备	电压	+6~−10	±20	1.5
	频率	±5	±10	5
由蓄电池或半导体变流器供电的设备	电压	±20	—	—

6. **防护要求**

为了避免电气设备受到外部固体和液体异物的侵入而发生故障或损坏，以及避免人身遭受触电伤害和机械伤害，一般电气设备都应有防护壳罩。由于一些舱室机器密布，空间狭小低矮，为设备或人员遭受各种侵害或伤害的复杂环境，因此船舶电气设备的防护等级类型也比较复杂多样。我国电气设备的防护等级采用国际电工委员会（IEC）推荐的国际 IP× ×防护等级标准。防护标志 IP 后面第 1 位数字表示防护固体异物侵入的等级，第 2 位数字表示防水液侵入的等级，两位数字的意义如表 1-4 所示。

船舶电气设备根据安装处所的不同有不同的最低防护等级要求：(1) 只存在与带电部分接触危险的干燥舱室为 IP20 级；(2) 存在滴水和（或）中等机械伤害的机器舱室、控制室和配膳间等处所为 IP22 级，其附具（开关、分电箱等）为 IP44 级；(3) 存在较大水力机械侵害危险的机器处所（如机舱花铁板以下）为 IP34 级，其附具为 IP55 级；(4) 存在较大水和机械侵害危险的压载泵舱、冷藏舱、厨房和洗衣间等处所为 IP44 级，其附具为 IP55 级；(5) 存在喷水、货物粉尘、严重机械伤害、腐蚀性气体的双层底中的轴隧、管隧、干货舱等处所为 IP55 和 IP56 级；(6) 存在大量水浸入危险的露天甲板为 IP56 级；(7) 存在爆炸危险处所，其外壳除具有合格的防爆功能外，还应根据安装处所有相应的防潮、防水等级。

表 1-4　电气设备外壳的 IP××防护等级

IP 等级		简要说明	定义
第1位数字	0	无防护	没有专门防护
	1	防护大于 50 mm 的固体	人体大面积部分如手（对有意识接触无防护），直径大于 50 mm 的固体
	2	防护大于 12 mm 的固体	手指或类似物，长度不大于 80 mm、直径大于 12 mm 的固体
	3	防护大于 2.5 mm 的固体	直径或厚度大于 2.5 mm 的工具、电线等，直径大于 2.5 mm 的固体
	4	防护大于 1.0 mm 的固体	直径大于 1.0 mm 的线或片状物，直径大于 1.0 mm 的固体
	5	防尘	并不防止全部灰尘进入，但进入量不妨碍设备正常转动
	6	尘密	无灰尘进入
第2位数字	0	无防护	没有专门防护
	1	防滴	垂直滴水应无有害影响
	2	15°防滴	设备与垂直线成 15°角时，滴水应无有害影响
	3	防淋水	与垂直线成 60°角范围的淋水应无有害影响
	4	防溅	任何方向溅水应无有害影响
	5	防冲水	任何方向冲水应无有害影响
	6	防猛烈海浪	强烈冲水时进入机壳水量应无有害影响
	7	防浸水	沉浸在规定压力的水中经规定的时间后，进水量应无有害影响
	8	防潜水	能长期潜水，完全密封，进水量应无有害影响

第四节 实操训练(二、三类轮机员)

实训一:安全电压的识别

一、任务要求

1. 学习触电类型、危害,分析触电原因及预防措施。
2. 学习船舶特殊环境因素对电气设备产生的影响、危害。
3. 理解“船用条件”及“船检规定”。
4. 分析电气设备接地的保护原理。

二、任务准备

1. 船舶触电事故案例。
2. 最新版《内河船舶入级规则》电气部分相关内容。

三、任务实施

1. 通过观看、讨论触电案例,学习触电类型、危害,触电原因分析及预防措施。

2. 分析船舶特殊环境对电气设备产生的影响方面及程度,从而分析船舶电气设备的“船用条件”及“船检规定”。

3. 分析船舶电气设备接地、陆用电气设备接零的保护原理及区别。

4. 说做结合阐述识别安全电压的方法。

(1)人体在不同状态下安全电压是不同的:浸于水中安全电压小于2.5 V;淋湿状态安全电压小于25 V;一般状态安全电压小于50 V。

(2)建筑物的安全等级也分为三级:特别危险建筑物安全电压为12 V;高度危险建筑物安全电压为36 V;一般建筑物安全电压为65 V。

(3)一般状态下低于50 V的电压为安全电压,如12 V、24 V、36 V等,可用万用表或电压表测量。

(4)安全电压的插座无保护接地线孔,与高压插座的形状不同,两者不能互插。

实训二:触电急救措施

一、任务要求

1. 学习触电类型、危害,分析触电原因及预防措施。
2. 学习船舶特殊环境因素对电气设备产生的影响、危害。
3. 理解“船用条件”及“船检规定”。
4. 分析电气设备接地的保护原理。

二、任务准备

1. 船舶触电事故案例。
2. 最新版《内河船舶入级规则》电气部分相关内容。

三、任务实施

1. 通过观看、讨论触电案例,学习触电类型、危害,触电原因及预防措施。

2. 分析船舶特殊环境对电气设备产生的影响方面及程度,从而理解船舶电气设备的“船用条件”及“船检规定”。

3. 分析船舶电气设备接地、陆用电气设备接零的保护原理及区别。

4. 说做结合演示若发现触电者的急救步骤:

(1)应设法迅速切断电源开关,用干燥不导电的衣物、器具使触电者迅速脱离电源,人体各部分都不可直接触及触电者,避免连带触电,并注意触电者脱离电源时的碰伤或摔伤。

(2)若触电者伤害较轻,神志清醒,只有心慌、无力、肢体发麻等感觉时,将其置于通风温暖的处所静卧休息 2~3 h 后即可恢复。

(3)对呼吸微弱或已停止呼吸但心脏有跳动的要实施人工呼吸抢救,呼吸和心脏都已停止的要实施人工呼吸和人工心脏按压抢救。

第二章
电工基础知识

第一节 直流电的基础知识(二、三类轮机员)

一、电路

现代生活的很多方面都与电路有关,这些电路的功能千差万别,结构各异:大到发电机电力传输电路,可以延伸成百上千米;小到毫米级的集成电路芯片,可以完成船舶设备的复杂控制功能。

电路是电流的通路,它由不同类型的元器件和导线按照一定方式组合在一起,进而实现不同的功能。电路可分为两大类:第一类是用来实现电能的传输和分配。它主要由发电、输送电、电力拖动、照明等部分组成,也就是通常所说的电力系统,电力系统示意图如图 2-1 所示。第二类是用来处理和传递信息的电路,即信息系统。它主要包括生产过程的自动控制,电视、广播的发射和接收,各种信号、数据的储存和处理等。

由图 2-1 可知,一个完整的电力系统电路的组成可归纳为三个基本环节,即电源、中间环节和负载。

(1)电源:产生和提供电能的装置,是将非电能量转换为电能的装置,如各类发电机、电池等。

(2)中间环节:承担电能的传输、分配及控制的装置,包括电缆、变压器、熔断器、断路器等各种控制设备。

(3)负载:各种用电设备,如电动机、电灯、电炉、计算机、电信设备等装置。

电力系统在船舶中主要体现在:柴油发电机用于产生电能,配电屏、线缆、断路器等装置用

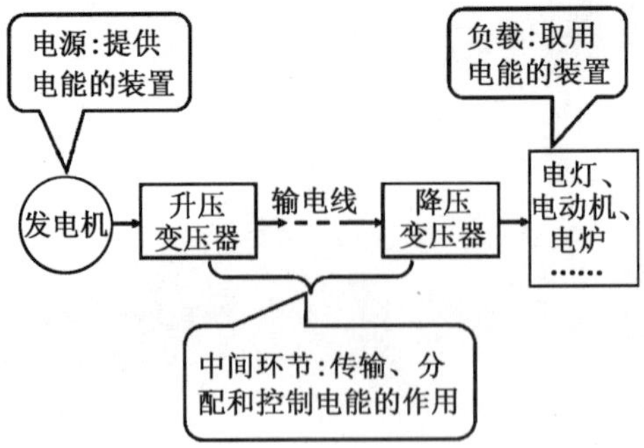

图 2-1　电力系统示意图

于电能的传输与分配，船舶中的各类照明设备、信息设备、各种电机为电力系统的负载。

如图 2-2 所示的语音处理系统为一个简单的信息处理系统，话筒将语音信息转换为音频信号，在直流电源提供电能的基础上，通过导线和放大器驱动扬声器，对语音信息进行复现或放大。信息处理系统主要应用于船舶的多媒体、网络、主机遥控系统、机舱集中监控与报警系统等。

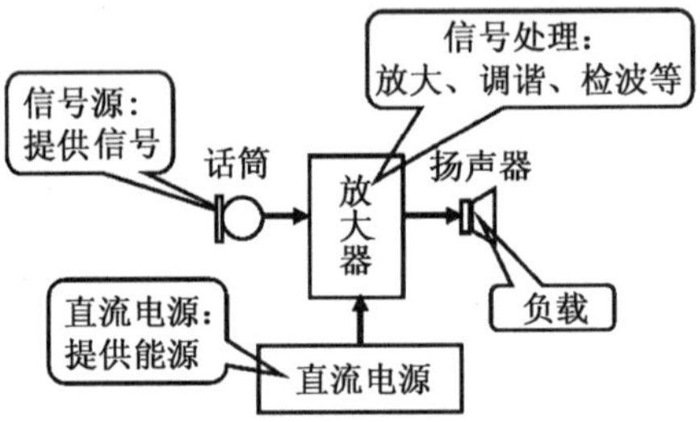

图 2-2　语音处理系统示意图

二、电路模型

在进行电路分析研究时，为更好地对其分析计算，需要对实际电路进行抽象分析，将其建立为一个与之等效的电路模型，且该模型仅由理想元件组成。理想元件即在一定条件下，忽略次要性质，只表征其主要物理特性的理想化模型。例如，理想电阻元件用符号 R 表示，简称电阻；理想电感元件用符号 L 表示，简称电感；理想电容元件用符号 C 表示，简称电容；理想电压源和理想电流源分别用符号 U_S 和 I_S 表示。它们对应的电路元件符号如图 2-3 所示，在研究电路元件时，若未特殊说明，均指理想元件。另外，在分析电路的工作原理时，通常是用一些规定的图形符号来代表实际的设备和器件，并用连线表示出这些设备和器件之间的连接关系，以此构成电路模型来进行分析。

以手电筒电路为例，如图 2-4 (a)所示。该电路实际的器件是由干电池、灯泡、开关所组成，若将其转换为与之相对应的电路模型，则由一个恒压源代替干电池作为电源元件，由电阻 R 代替实际电路中的灯泡，符号 S 代表开关，其电路模型如图 2-4 (b)所示。通过上述方法，就可将简单的手电筒电路转换为由电路元件符号所构成的电路模型。

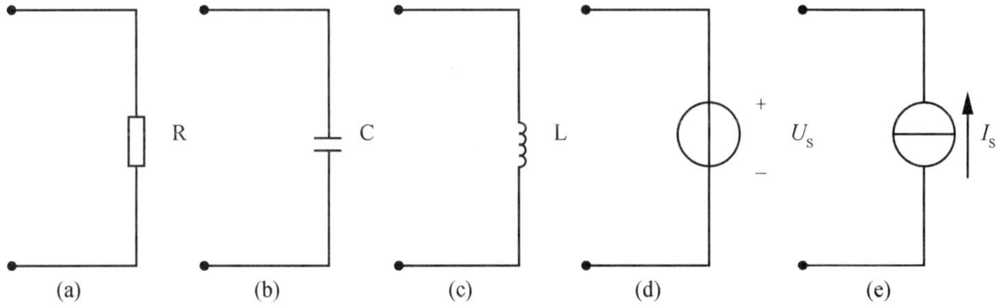

图 2-3　常见的电路元件符号

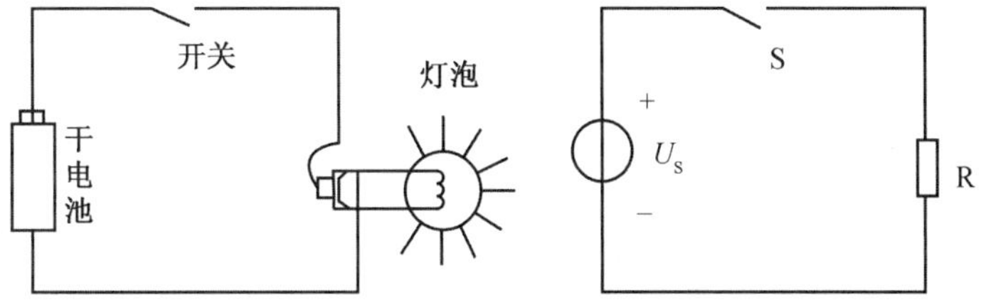

(a)实际电路　(b)电路模型

图 2-4　手电筒电路

三、电路中的基本物理量

电路的电特性通常可以用电路的物理量或变量来进行描述,常用的电路变量有电流、电压、电动势、电功与电功率、额定值等。

1. 电流

电荷的定向移动形成电流。规定正电荷移动的方向为电流的实际方向。电流的大小用电流强度来表示,其电流强度用单位时间 i 内通过导体横截面的电量 q 来度量,即

$$i(t)=\frac{dq}{dt} \tag{2.1}$$

式(2.1)表示电流的大小随时间变化。若电流的大小满足正弦函数规律,则称为交流电路;若电流的大小不随着时间而变化,则称为直流电流,一般用大写字母 I 表示。若在 t 时间内通过导体横截面的电量为 Q 时,其直流电流的大小 I 的计算公式为

$$I=\frac{Q}{t}$$

电流 I 的标准单位是安培(A),常用的小电流单位用毫安(mA)或微安(μA)表示,其换算关系为 $1\ \text{A}=10^3\ \text{mA}=10^6\ \mu\text{A}$。

2. 电压

电压是衡量电场力对电荷做功的能力。电路中任意两点间的电位差称为这两点间的电压,用字母 U 来表示。例如 a、b 两点间的电压为

$$U_{ab}=V_a-V_b$$

电压的单位用伏特(V)表示,计量较大的电压时用千伏(kV),计量较小的电压时用毫伏(mV)。其换算关系为 $1\ \text{kV}=10^3\ \text{V}=10^6\ \text{mV}$。

电压的方向：电压的方向规定为由高电位指向低电位，因此电压又称电压降（电位降）。

3. 电动势

电动势是衡量电源力对电荷做功能力的物理量。电动势在数值上的大小等于电源力把单位正电荷由电源低电位（负极）经电源内部移动到高电位（正极）所做的功。由于电动势所表达的也是对电荷做功的能力，因此电动势的单位和电压一致，也用伏特（V）表示。

电动势的实际方向规定是从电路的低电位指向高电位，而前面指出电压实际方向由高电位指向低电位，因此两者的方向是相反的。

4. 电功与电功率

对于电场力来说，当一段导体中有电流通过时，正电荷从高电位端移向低电位端，电场力对电荷做功，用 W 来表示，简称电功，其单位是焦耳（J）。计算公式为

$$W = IUt$$

式中：W 为电功，单位为 J；I 为电流强度，单位为 A；U 为电压，单位为 V；t 为时间，单位为 s。

功率为单位时间内所做的功。在电路中，单位时间内所做的电功称为电功率，用字母 P 来表示。

对电源而言，其产生的电功率为

$$P_E = IE$$

对负载而言，其消耗的电功率为

$$P_L = IU$$

电功率的单位是瓦特，简称瓦（W）。计量较大时用千瓦（kW），且 1 kW = 1 000 W。对负载而言，电功和电功率之间有如下关系：

$$W = Pt$$

5. 额定值

在使用船舶电气设备时，为了保障电气设备的安全稳定运行，我们对电气设备的电压、电流和功率值的大小进行了限定。若在实际使用中超出该限定值，则电气设备将受到损害；若在实际使用中远低于该值，则表明该设备未得到有效的利用。因此，为了保障电气设备的安全，充分对其进行使用，最大限度地发挥该电气设备的效率，应尽可能地将电气设备工作在该限定值范围内，我们又称该值为额定值。电工产品主要额定值包括电压、电流、功率、电流种类、工作制、绝缘等级、环境温度等。通常最重要的参数都刻在产品的铭牌上，因此又将额定值称为铭牌值，如图 2-5 所示。

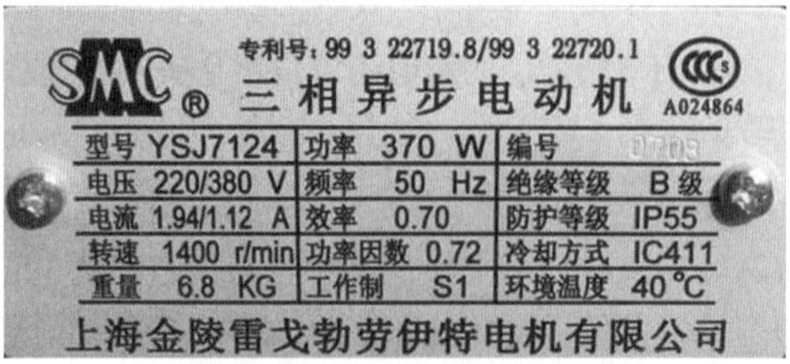

图 2-5 三相异步电动机铭牌

四、欧姆定律

电路中的欧姆定律主要是研究电压、电流和电阻三者之间的关系，下面首先对电阻相关知识进行介绍。

1. 电阻

电流通过导体时会受到一种阻碍作用，通常把这种导体对电流的阻碍作用称为电阻，用符号 R 表示，电阻的外形与符号如图 2-6 所示。

(a)常规电阻　　(b)贴片电阻　　(c)电阻符号

图 2-6　电阻的外形和符号

导体电阻的大小与导体的长度 L 和导体的电阻率 ρ 成正比，与横截面积 S 成反比，并与导体的材料、所处温度有关，导体电阻大小可表示为

$$R=\rho\frac{L}{S}$$

电阻常用的单位是欧姆（Ω），在计量大电阻时，常以千欧（kΩ）和兆欧（MΩ）作为计量单位。它们之间的换算关系如下：

$$1\ \mathrm{M\Omega}=10^3\ \mathrm{k\Omega}\quad 1\ \mathrm{k\Omega}=10^3\ \Omega$$

在电阻元件中，流过电阻的电流与电阻两端电压成正比，这称为欧姆定律。它是电路分析中最基本、最重要的定律之一。欧姆定律有两种形式，分别为一段电阻电路的欧姆定律和全电路的欧姆定律。

2. 一段电阻电路的欧姆定律

如图 2-7 所示为只含有一段电阻的电路图。

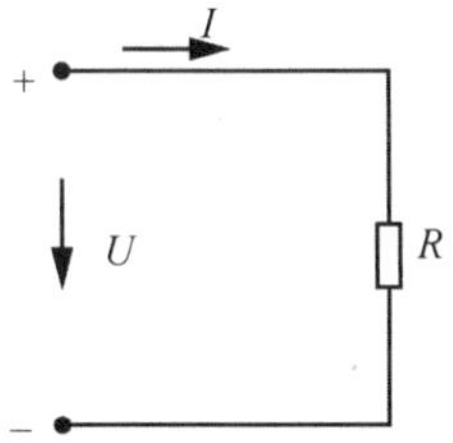

图 2-7　一段电阻的电路图

在此电路中，流经电阻的电流大小 I 与电阻两端的电压 U 成正比，即一段电阻电路的欧姆定律，即

$$I=\frac{U}{R}$$

式中：I 为电流强度，单位为 A；U 为电压，单位为 V；R 为电阻，单位为 Ω。

根据欧姆定律可知 $U=RI$ 或 $R=U/I$。

3. 全电路的欧姆定律

如图 2-8 所示为一个简单的手电筒等效电路，该闭合的电路又称为全电路。其中，R_L 是负载电阻，R_S 是电源内阻。则全电路的欧姆定律可表示为：

$$I=\frac{U_S}{R_S+R_L} \tag{2.2}$$

由式(2.2)可得，在开关 S 闭合后所形成的回路中，电流的大小 I 与电源的电压 U_S 成正比，与整个电路的总电阻(即负载电阻 R_L 和电源内阻 R_S 之和)成反比。

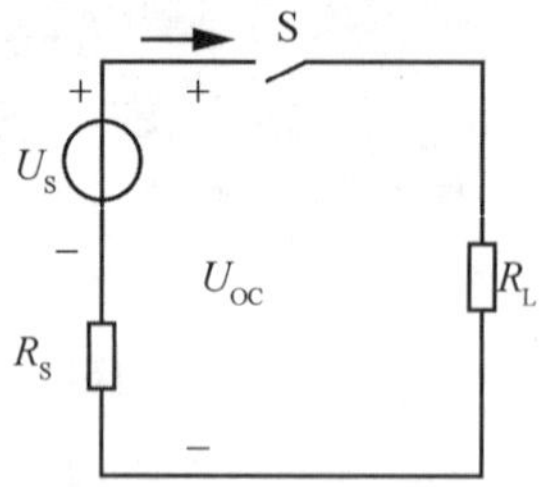

图 2-8 简单的全电路

五、电路的带载通路、开路和短路

电路在工作的过程中，主要存在三种工作形式，分别为正常工作条件下的带载通路、开路和短路。不同的工作形式下，电路中各参数将呈现不同的状态。

1. 带载通路状态

如图 2-8 所示为一个典型的带载通路，开关 S 闭合后，电路的电源与负载接通，由电源向负载供电，即为电路的带载通路。根据全欧姆定律可知，电路中的电流为

$$I=\frac{U_S}{R_S+R_L}$$

一般情况下，电源内阻 R_S 远小于负载电阻 R_L，因此电路的电流大小主要由负载电阻 R_L 决定。

2. 开路状态

负载和电源断开的状态称为电路开路，在图 2-8 中，S 断开时，电源不能给负载供电，两者断开，因此为开路。开路主要分为工作开路和故障断路，其中工作开路主要体现为开关未闭合；故障断路主要表现为开关不能闭合、输电线损坏断开等情况。

开路状态的主要特征为电路没有电流通过，即 $I=0$，各电阻上电压 $U=0$，电路的功率 $P=0$，电路处于空载状态。

3. 短路状态

短路即电源的两个输出端或负载两个输入端被电阻为零的导体短接，常见的形式如图 2-9 所示，其特征为：电阻 R_L 两端电压 $U=0$，电源电压将全部施加在内阻 R_S 上；短路电流 I_{SC} 由电源和电源内阻所产生，且负载电阻由于没有电流流过，因此其功率 $P_L=0$，电路中内阻 R_S

消耗功率为 P_S。上述特征可总结为以下表达式：

$$U = 0$$

$$I_{SC} = \frac{U_S}{R_S}$$

$$P_S = \frac{{U_S}^2}{R_S} \quad P_L = 0$$

由于一般情况下，电源内阻 R_S 很小，因此短路电流将远大于电路正常工作的额定电流，电源内阻所消耗的功率将产生热效应，最终导致电源烧毁。在电路工作过程中，电路短路是引发火灾的重要原因，在运行中应避免出现短路现象，应对电路采取相应的保护措施，主要采用的方法是在电路中加装熔断器(保险丝)，当电路发生短路时，由于电路电流增大数倍，从而导致熔断器烧毁，进而切断电路以达到保护设备和电源的目的。

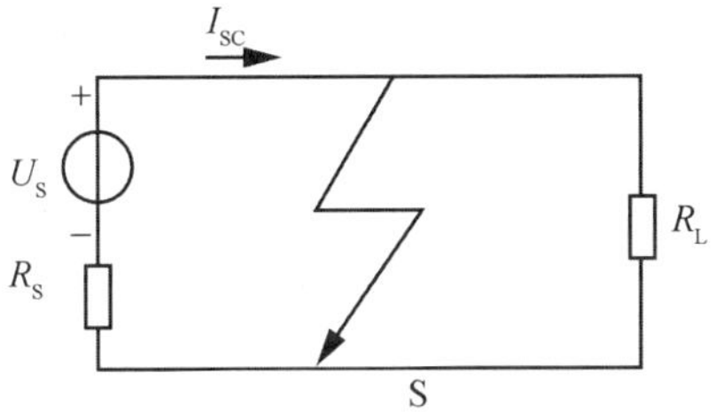

图 2-9 电路短路状态

六、基尔霍夫定律

欧姆定律只能计算简单的电路，但对于图 2-10 所示的复杂电路，通过欧姆定律难以对电路中的各个参数进行计算。为此，为对该复杂电路进行分析，需要引入基尔霍夫定律进行分析计算。基尔霍夫定律也是分析计算电路的基本定律，它不仅适合分析求解简单电路，也适合于分析复杂电路。基尔霍夫定律又包括基尔霍夫电流定律和基尔霍夫电压定律。

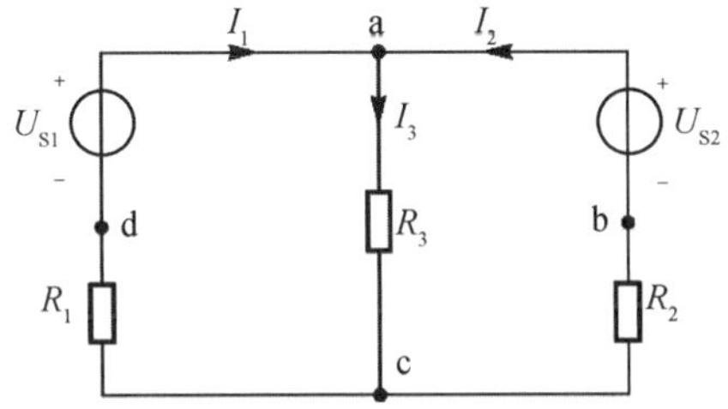

图 2-10 复杂的三支路电路

在讨论基尔霍夫定律前，需要了解以下概念：

(1)支路：即每一分支电路，每一条支路都流经同一电流。如图 2-10 所示共有三条支路，分别为支路 cda、cba、ac。I_1、I_2 和 I_3 分别为三条支路的电流。

(2)节点：三条或三条以上支路的连接点称为节点，图 2-10 中有 a 和 c 两个节点。

(3)回路：电路中任一闭合的路径称为回路。图 2-10 中有 cdac、cbac 和 cbadc 三个回路。

1. 基尔霍夫电流定律(KCL)

基尔霍夫电流定律：在任一瞬间，流入一个节点的电流之和等于流出该节点的电流之和。

也可表述为：任一瞬间，一个节点电流的代数和恒为零（取流入该节点电流值为正，流出节点的电流值为负），其表达式为

$$\sum I = 0$$

通常又称基尔霍夫电流定律为基尔霍夫第一定律。根据 KCL，对于图 2-10 中的节点 a，可列出电流方程

$$I_1 + I_2 = I_3 \text{ 或 } \sum I = I_1 + I_2 + (-I_3) = 0$$

2. 基尔霍夫电压定律（KVL）

基尔霍夫电压定律：在任一瞬间，沿任一回路，任一方向绕行一周，回路中的各段电压代数和恒为零，即

$$\sum U = 0$$

根据 KVL，对于图 2-10 中的回路 cadc，可列出电压方程

$$U_{S1} - I_1R_1 - I_3R_3 = 0 \text{ 或 } U_{S1} = I_1R_1 + I_3R_3$$

通过上述表达式，可将 KVL 表述为：当直流电路中各个电动势、电阻一定时，沿任一回路绕行一周，电路中各电位升之和必定等于各电位降之和。

基尔霍夫电压定律的另一种表达方式为

$$\sum E = \sum IR$$

其数学表达式的意义是：沿任一回路绕行一周，回路中所有电动势的代数和等于所有电阻上的电压降的代数和。

在分析基尔霍夫电压定律时，需要正确地确定各元件的电压降 U 的正、负值。因此，为了方便分析计算，对各元件的正、负值规定如下：若电阻电流的参考方向与绕行方向相同，则电阻的电压降取正值（IR）；若两者方向相反，则取负值（$-IR$）；若绕行经过电源时，则从电源高电位指向低电位取正电压降（$+E$ 或$+U$）；反之则取负电压降（$-E$ 或$-U$）。

七、电阻串联、并联

1. 电阻的串联

如图 2-11（a）所示的电阻连接方式称为电阻的串联。在分析计算中，可将图 2-11（a）中的串联电路等效分析为图 2-11（b）所示的电路图，等效的条件是在同一电压 U 作用下电流 I 保持不变。串联电路具有以下特征：

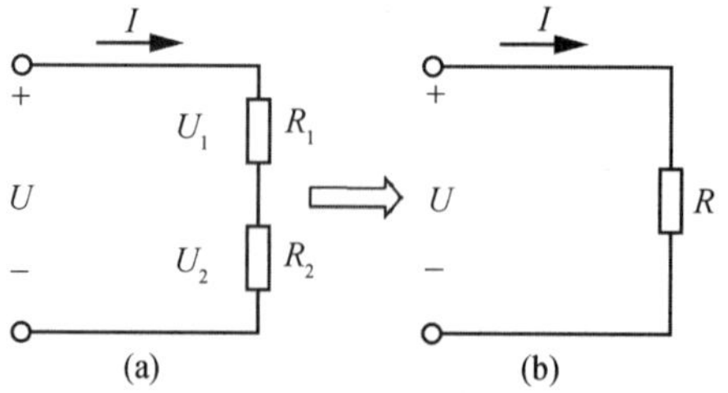

图 2-11 电阻的串联

(1)各电阻流过的电流为同一个电流。

(2)电路的总电阻等于各个分电阻之和。以图 2-11 为例,等效后的电路总电阻$R=R_1+R_2$。

(3)电路总电压 U 的大小等于各个分电阻上的电压之和,各个串联电阻上的电压与其阻值成正比。

以图 2-11 为例,该电路中的总电压 $U=U_1+U_2$,且各个电阻的电压大小满足分压关系式

$$U_1=IR_1=\frac{R_1}{R_1+R_2}U$$

$$U_2=IR_2=\frac{R_2}{R_1+R_2}U$$

(4)电路中消耗的总功率 P 分别为各个电阻功率的代数和,以图 2-11 为例,该电路中的总功率 $P=P_1+P_2$。

电阻串联的应用体现在:当负载的额定电压低于电源电压的情况下,通常需要与负载串联一个电阻,以降低一部分电压。有时为了限制负载中通过的电流,也可以与负载串联一个限流电阻。如果需要调节电路中的电流时,一般也可以在电路中串接一个变阻器来进行调节。

2. 电阻的并联

图 2-12 (a)所示电阻 R_1 和 R_2 的连接方式称为并联,即电路中有两个或更多个电阻连接在两个公共的点之间。在分析计算中,可将图 2-12 (a)中的并联电路等效分析为图 2-12 (b)所示的电路图,并联电路具有以下特征:

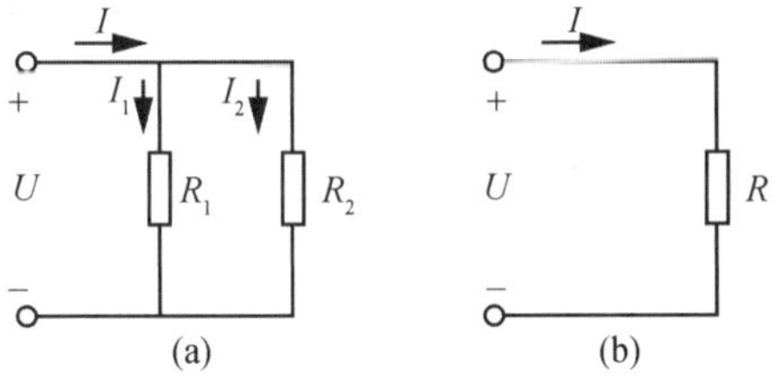

图 2-12 电阻的并联

(1)电阻两端电压是同一电压 U。以图 2-12 为例,电阻 R_1 和 R_2 两端电压等于电源电压 U。

(2)并联电阻等效后总电阻的倒数等于各个并联电阻的倒数之和。以图 2-12 为例,即

$$\frac{1}{R}=\frac{1}{R_1}+\frac{1}{R_2}$$

(3)并联电阻的总电流 I 等于各支路电流的代数和,各并联电阻支路的电流与总电流成反比。以图 2-12 为例,两个并联电阻上的电流分别为

$$I_1=\frac{U}{R_1}=\frac{IR}{R_1}=\frac{R_2}{R_1+R_2}I$$

$$I_2=\frac{U}{R_2}=\frac{IR}{R_2}=\frac{R_1}{R_1+R_2}I$$

上述公式又称为分流公式。

(4)并联电阻的总功率等于各个电阻功率代数和,且各电阻消耗功率与阻值成反比。

在并联电路中，由于各负载处于同一电压下，因此任何一个负载的工作情况基本上不受其他负载的影响。并联的负载电阻越多（负载增加），则总电阻越小，电路中总电流和总功率也就越大，且并联电阻的总阻值比各支路电阻值最小的还小。

在实际电路中，通常既有电路的串联，又有电路的并联，可将这样的电路称为混联电路。

第二节 交流电的基础知识（二、三类轮机员）

正弦电压和正弦电流在正弦交流电路中常称为正弦量或正弦信号。与直流电路不同，正弦量是交流变量，直流电路中电压和电流的大小和方向不随时间变化，而正弦电压和电流的大小和方向是随时间按正弦规律周期变化的。正弦交流电路以独特的优势被广泛应用在船舶电气系统中，如船用交流发电机产生的正弦交流电动势及交流电动机流经的电流都是正弦交流电。由于正弦交流电与直流电路具有不同的特点，所以应对其电压、电流、功率等参数进行分析。

正弦量主要由三个特征量确定，分别是幅值、频率和初相位，又称为正弦量的三要素。

一、正弦交流电

1. 正弦交流电的产生

正弦交流电通常由交流发电机产生的，发电机是根据电磁感应原理制成的，在设计时使电枢表面上各点的磁场强弱按正弦规律变化的，即得正弦交流电动势，即

$$e = E_m \sin\omega t$$

式中：e 为感应电动势；E_m 为最大感应电动势；ω 为角频率；t 为时间。

此电动势即为正弦交流电动势，正弦交流电的波形图如图 2-13 所示。

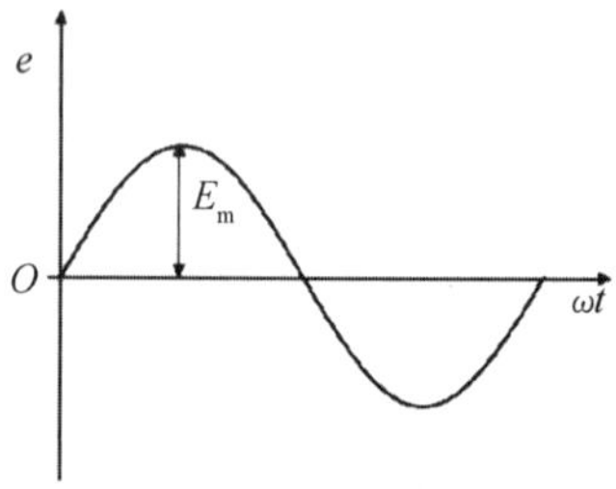

图 2-13 正弦交流电波形图

2. 正弦交流电的三要素

正弦交流电的特征表现在波形变化的快慢、大小及初始值三个方面，而它们分别由频率 f（或周期 T、角频率 ω）、幅值 E_m（U_m、I_m）和初相位 φ_0 来确定。因此，频率、幅值和初相位是确定交流电的三要素。

（1）周期、频率和角频率

周期、频率和角频率都是反映交流电变化快慢的物理量：正弦交流电每重复变化一次所经

历的时间间隔称为周期,用 T 表示,单位为秒(s);角频率 ω 表示正弦量的相位随时间变化的角速度,正弦信号每经过一个周期 T 的时间,相位变化 2π 弧度。交流电在单位时间内变化的次数叫作频率,用 f 表示,其单位是赫兹(Hz)。周期 T、频率 f 两者具有以下关系:

$$T = \frac{1}{f} \text{ 或 } f = \frac{1}{T}$$

我国规定电力系统供电的标准频率是 50 Hz,世界上有少数国家(美国、日本等)规定 60 Hz 为标准频率。常用的单位还有千赫(kHz)和兆赫(MHz),单位换算关系为 $1\ \text{MHz} = 10^6\ \text{Hz}$,$1\ \text{kHz} = 10^3\ \text{Hz}$。

角频率 ω 表示交流电在单位时间内变化的角度,由于交流电在一个周期的时间内角度变化了 2π 弧度,所以角频率 ω 可表示为

$$\omega = \frac{2\pi}{T} = 2\pi f$$

角频率的单位是弧度/秒(rad/s)。

(2)幅值和有效值

交流电在任意瞬间的数值称为瞬时值,用英文小写字母表示,如用 i、u、e 分别表示电流、电压和电动势的瞬时值。最大的瞬时值称为该正弦量的幅值,又称最大值,用英文大写字母加下标"m"来表示,如 I_m、U_m 和 E_m 分别表示电流、电压和电动势的最大值。由此可得正弦交流电流、电压、电动势的数学关系式分别为

$$e = E_m \sin\omega t$$

$$u = U_m \sin\omega t$$

$$i = I_m \sin\omega t$$

正弦交流电的幅值表示正弦交流电做功的能力,幅值越大,做功能力越强。由于正弦量的瞬时值随着时间不断变化,而且正、负对称,在一个周期内的平均值为 0,因此用瞬时值表示正弦量的大小意义不大。

为了评价正弦交流电的大小,有效值的概念被引入计量正弦交流电。正弦电流的有效值实际上就是在热效应方面同它相当的直流值。假设两个相同电阻 R,分别通过正弦交流电和直流电,若在相同时间内两个电阻产生的热量一致,则将直流电的大小等效为交流电的有效值。在分析计算中,通常用大写字母 I、E 和 U 分别来表示正弦交流电流、电动势和电压有效值。有效值与最大值具有以下关系:

$$I = \frac{I_m}{\sqrt{2}}$$

$$U = \frac{U_m}{\sqrt{2}}$$

$$E = \frac{E_m}{\sqrt{2}}$$

通过上面公式分析得知,正弦交流电的最大值为有效值的 $\sqrt{2}$ 倍。通常生活中所提到的正弦电压、电流的大小均指其有效值,如船用三相交流电压为 380 V,照明负载为 220 V。另外,船用配电板中的电压表、电流表的读数也均指有效值。若无特殊说明,交流电压、电流幅值均

为有效值。

（3）初相位和相位差

分析正弦交流电时，除了幅值和频率，还需要考虑正弦交流电的计时起点。对于不同的正弦量，尽管它们的频率相等，最大值一样，但变化的起点不同，则 $t=0$ 时刻各正弦量的值将不同。将与初始值对应的正弦函数电角度叫作初相位，用符号 ψ 表示。如图 2-14 所示给出了某同频率下的正弦交流电压、电流相位图。

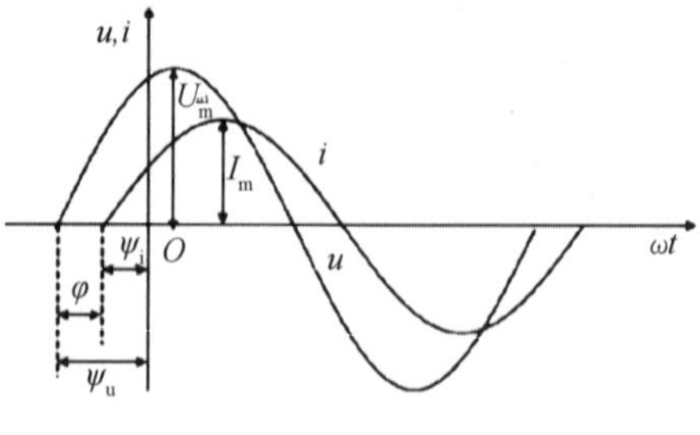

图 2-14　正弦交流电压与电流的相位图

图 2-14 中的电压瞬时值 u、电流瞬时值 i 可分别表示为：

$$i = I_m \sin(\omega t + \psi_i)$$

$$u = U_m \sin(\omega t + \psi_u)$$

式中：ψ_u 和 ψ_i 分别表示正弦交流电压和电流的初相位；$\omega t+\psi_u$ 表示电压的相位角；$\omega t+\psi_i$ 表示电流的相位角。

由上述公式可知，图中正弦交流电压和电流相位角在任一时刻均不相同，为了表示两个正弦量相位角之间的关系，将两个同频率正弦量的相位角之差称为相位角差或相位差，用符号 φ 表示，表达式为：

$$\begin{aligned}\varphi &= (\omega t + \psi_u) - (\omega t + \psi_i) \\ &= \psi_u - \psi_i\end{aligned}$$

根据上式得知，两个同频率交流电的相位差就是初相位之差。进一步分析可知，虽然两个同频率正弦量的相位角随着时间不断变化，但两者之间的相位差不会改变。

从图 2-14 中的正弦波形图可知：

当电压、电流正弦波形图从 $t=0$ 时刻开始逐渐变化时，正弦电压 u 的波形图相对于正弦电流 i 的波形图能更早地到达最大值。另外，$\psi_u>\psi_i$，相位差 $\varphi>0$。所以称在相位上 u 比 i 超前 φ 角，也可表述为 i 比 u 滞后 φ 角。

在复杂的交流电路中，由于负载性质不同，其电压和电流的相位也将不同。如图 2-15 所示给出了几种电压和电流相位关系及波形图。

由图 2-15 可知，若相位差 $\varphi>0$，则 u 比 i 超前；若相位差 $\varphi=0$，则 u 和 i 同相位；若相位差 $\varphi=\pm\pi$，则 u 和 i 反相位；若相位差 $\varphi=\pm\pi/2$，则 u 和 i 正交。

值得指出的是，计算相位差的前提条件是两个正弦量必须在同一频率下工作，否则不能计算其相位差。

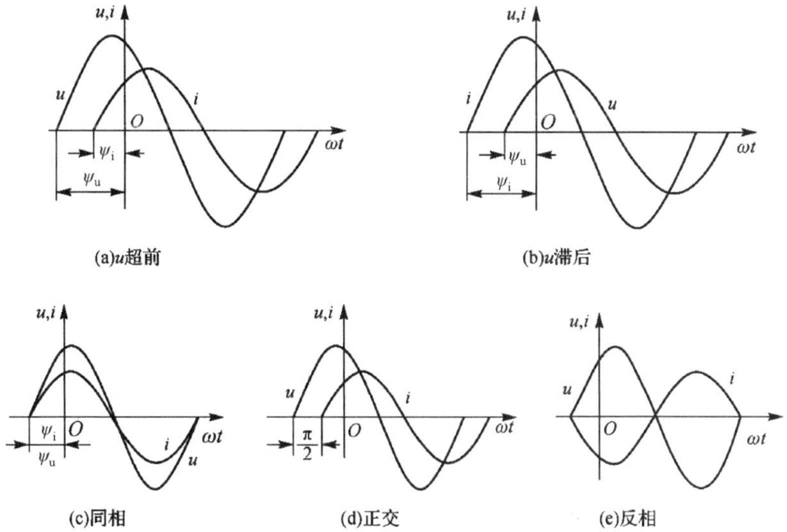

图 2-15　电压和电流不同相位差示意图

二、交流电流中的电阻、电感和电容元件特性

在船舶交流供电系统中，各种电气设备（如船用发电机、电动机、白炽灯）均可等效为电阻、电容和电感的串并联。为更好地分析电气设备在交流电路中的特性，应首先对单一元件在交流电路中的电压、电流和功率等特性进行分析。

1. 纯电阻正弦交流电路

（1）电压与电流关系

无论在直流电路，还是在正弦交流电路中，电阻两端的电压 U 和通过的电流 I 均满足欧姆定律

$$I = \frac{U}{R}$$

在交流电路中，U 为电压有效值，I 为电流有效值。需要指出的是，在纯电阻正弦交流电路中，电压和电流相位差 $\varphi = 0$，说明电阻两端的 u 和 i 同相位。

（2）功率

在正弦交流电路中，电阻两端产生的功率 P 可用直流电路中功率求解公式进行计算，即

$$P = \frac{U^2}{R} = I^2 R$$

在交流电路中，U 为电压有效值，I 为电流有效值。为了与电感、电容元件功率特性进行区分，电阻两端消耗的功率 P 又称有功功率。

2. 纯电感电路

（1）电压与电流关系

在正弦交流电路中，设电流为参考正弦量，即 $i = I_m \sin\omega t$，此时电流初相位 $\psi_i = 0$。根据电磁感应定律得出电感两端电压为

$$u = U_m \sin(\omega t + 90°)$$

式中:U_m 为电压最大值。通过分析得知,在纯电感正弦交流电路中,电压相位超前电流相位 90°

在纯电感正弦交流电路中,电压、电流的有效值和最大值分别满足以下关系:

$$I_m = \frac{U_m}{X_L}$$

$$I = \frac{U}{X_L}$$

式中:U_m、I_m 分别为电压、电流的最大值;U、I 分别为电压、电流的有效值;X_L 为感抗,单位为 Ω(欧姆),感抗表示电感对通过它的交流电流的一种阻碍作用。其中,感抗 X_L 值的计算表达式为

$$X_L = 2\pi f L$$

式中:f 为正弦交流电的频率;L 为电感的大小,单位为 H(亨)。

分析得知,感抗的大小与频率 f 和电感 L 成正比;在直流电路中,由于频率 $f=0$,则感抗 $X_L=0$,相当于无感抗,没有对直流产生阻碍作用,相当于短路;在交流电路中,随着频率 f 增加,感抗 X_L 也将增加,相当于电感对交流电路的阻碍作用增加。因此,又称电感具有通直流电路、阻碍交流电路的作用,简称通直阻交。

(2)功率

电感在交流电路中仅与电源进行能量交换,不消耗能量,为储能元件。为了衡量电感和电源能量交换的大小,利用无功功率 Q 对其进行描述。

电感元件产生的无功功率 Q 为

$$Q = UI = I^2 X_L = \frac{U^2}{X_L}$$

无功功率单位是乏(Var)或千乏(kVar)。由于电感不消耗能量,因此其有功功率 $P=0$。

3. 纯电容电路

(1)电压与电流关系

在正弦交流电路中,设电流为参考正弦量,即 $i=I_m \sin\omega t$,此时电流初相位 $\varphi_i=0$。此时电容两端的电压瞬时值 u 表示式为

$$u = U_m \sin(\omega t - 90°)$$

式中:U_m 为电压最大值。

通过分析得知,在纯电容正弦交流电路中,电压相位滞后电流相位 90°。在纯电容正弦交流电路中,电压、电流的有效值和最大值分别满足以下关系:

$$I_m = \frac{U_m}{X_C}$$

$$I = \frac{U}{X_C}$$

式中:U_m、I_m 分别为电压、电流的最大值;U、I 分别为电压、电流的有效值;X_C 为容抗,单位为 Ω(欧姆),容抗表示电容对通过它的交流电流的一种阻碍作用。其中,容抗 X_C 的计算表达式为

$$X_C = \frac{1}{2\pi fC}$$

式中:f 为正弦交流电的频率;C 为电容,电容单位为 F(法)。

分析得知,容抗与频率 f 和电容 C 成反比;在直流电路中,由于频率 $f=0$,则容抗 X_C 趋于无穷大,因此电容在直流电路中相当于断路;在交流电路中,随着频率 f 增加,容抗 X_C 将减小,相当于电容对交流电路的阻碍作用减弱,交流电能更好地通过电容。因此,又称电容具有通交流、隔直流的作用(与电感的通直阻交特性相反)。

(2)功率

电容和电感一样,在交流电路中仅与电源进行能量交换,不消耗能量,为储能元件。为了衡量电容和电源能量交换的大小,利用无功功率 Q 对其进行描述。

电容元件产生的无功功率 Q 为

$$Q = -UI = -I^2X_C = -\frac{U^2}{X_C}$$

无功功率单位是乏(Var)或千乏(kVar)。由于电容不消耗能量,因此其有功功率 $P=0$。为了区别电容和电感产生的无功功率,将电容的无功功率取负值。

4. RLC **混联电路**

(1)有功功率 P、无功功率 Q、视在功率 S

在船舶电气设备中,几乎不存在纯电阻电路,大部分电气设备(电动机、白炽灯)均等效为电阻、电容、电感元件的混联。根据纯电阻、纯电容、纯电感电气特性,RLC 混联后的电路将同时产生有功功率和无功功率。

混联后的电路有功功率 P 计算方式为

$$P = UI\cos\varphi$$

式中:有功功率单位是瓦(W)或千瓦(kW);U、I 分别为电压、电流的有效值;φ 为混联电路中电压与电流的相位差,又将 $\cos\varphi$ 称为功率因数,它是表征交流电路状况的重要数据之一。

无功功率表达式 Q 为

$$Q = UI\sin\varphi$$

无功功率单位是乏(Var)或千乏(kVar)。

混联电路中,将电压与电流的乘积称为视在功率,用符号 S 表示,其表达式为

$$S = UI$$

视在功率单位是伏安(VA)或千伏安(kVA)。

(2)功率因数的提高

实际使用的电气设备多为感性负载,其功率因数 $\cos\varphi<1$,这样就会导致无功功率的出现,使得发电机的容量不能有效利用,同时还会增加线路和发电机绕组的功率损耗。因此,提高功率因数对于船舶电网的有效利用具有重要意义。

在船舶电气设备中,由于大部分负载呈电感性,产生了无功功率 Q(正值),为了提高功率因数。常用提高功率因数的方法是与感性负载并联电容,利用电容产生的无功功率 Q(负值)对电感产生的无功功率(正值)进行抵消,从而减少总电路中无功功率的大小,进而达到提高功率因数的目的。

并联电容提高功率因数,能更好地利用电源设备的潜在能力;在功率一定、电压一定的情

况下,提高功率因数后,线路上的总电流将减少,使供电线路上的功率损失也随之而减小。

第三节 电磁感应知识(二类轮机长)

一、磁场的基本概念

1. 磁场和磁力线

磁铁的内部与周围空间存在磁场,常用磁力线(或称磁感应线)来描述磁场,如图 2-16 所示。磁力线在空间上是条闭合回线,用磁力线的疏密表示磁场的强弱,用磁力线的方向表示磁场的方向。磁力线任一点的切线方向即为该点的磁场方向。磁铁的磁力线是经磁铁内部并通过周围空间而闭合,其磁力线方向规定,在磁铁内部是由 S 极指向 N 极的方向,外部是由 N 极指向 S 极的方向。

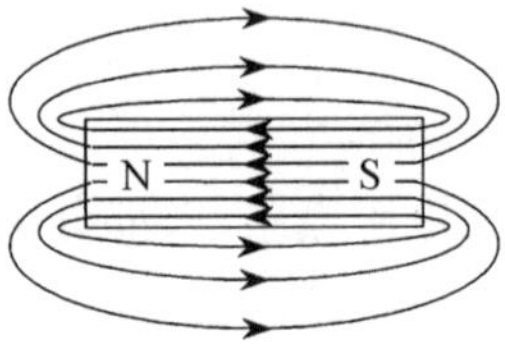

图 2-16　磁场中的磁力线

2. 磁通

磁通(Φ)为穿过某一截面 S 的磁力线总数,如图 2-17 所示,磁通 Φ 的单位为伏 · 秒(V · s),称为韦伯(Wb)。磁通为一个矢量,它的方向与该处的磁场强度方向一致。

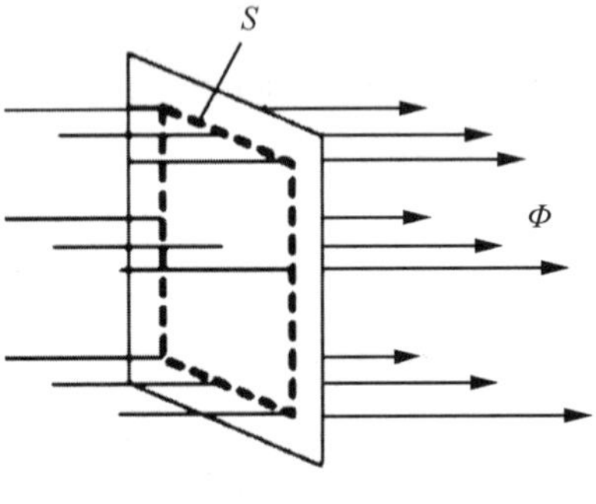

图 2-17　磁通示意图

3. 磁感应强度

磁感应强度是用来表示磁场中某点磁场的强弱和方向的物理量,它是一个矢量,用字符 B 表示。

$$B = \frac{\Phi}{S}$$

磁感应强度又称磁通密度。若磁场内各点的磁感应强度的大小相等、方向相同,这种磁场称为均匀磁场，磁感应强度的单位为 Wb/m^2，又称特斯拉（T）。

4. 磁导率

磁导率 μ 是表示衡量物质导磁性能的一个物理量。它的单位为亨/米（H/m），不同的物质具有不同的磁导率，磁性材料（如铁芯、硅钢片）磁导率较大，这样的物质在同一电流下产生的磁感应强度也越大。因此，磁场中某处的磁感应强度 B 的大小，不仅与产生这个磁场的电流等因素有关，而且还与磁场中媒质的性质有关。

由实验测出，真空的磁导率 μ_0 为

$$\mu_0 = 4\pi \times 10^{-7}(\mathrm{H/m})$$

任意物质的磁导率 μ 与真空磁导率 μ_0 的比值，称为该物质的相对磁导率 μ_r，其表达式为

$$\mu_r = \frac{\mu}{\mu_0}$$

根据相对磁导率可将自然界的物质分为磁性材料和非磁性材料。其中，若 $\mu_r \approx 1$，则称该物质为非磁性材料；若 $\mu_r \gg 1$，则称该物质为磁性材料。

5. 磁场强度

磁场强度用来表征磁场的特性，它只与产生它的电流有关，而与处于其中的介质的磁导率无关。

$$H = \frac{B}{\mu}$$

根据安培环路定律：磁场强度矢量沿任一闭合路径的线积分等于该闭合路径所包围的全部电流的代数和，数学表达式为

$$\oint_l H\mathrm{d}l = \sum I$$

6. 磁路

将电流通入线圈，在线圈内部及周围就会产生磁场，磁力线在铁芯中形成磁路，磁路是磁通通过的闭合路径。图 2-18(a) 是表示四极直流电动机的磁路，图 2 18(b) 是变压器铁芯线圈的磁路，电流 I 通过 N 匝线圈所产生的磁通 Φ 几乎全部集中通过铁芯闭合。

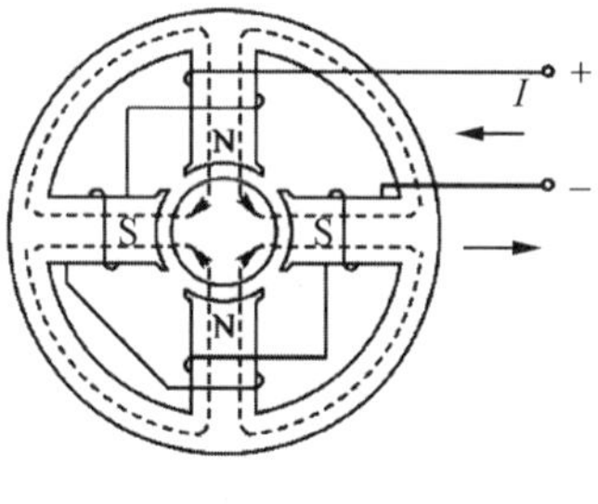

(a)四极直流电动机的磁路

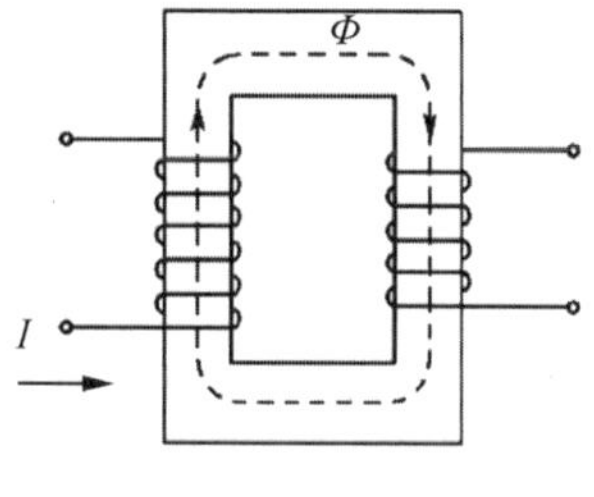

(b)变压器铁芯线圈的磁路

图 2-18 磁路

二、电磁感应定律

1. 电流的磁效应与右手螺旋定则

电流在通电导体或线圈周围将产生磁场,这就是电流的磁效应。电流产生的磁效应由右手螺旋定则确定磁场的方向。右手螺旋定则规定为:在通电导体中,大拇指指向电流方向,四指指向磁场方向;在通电线圈中,四指指向电流方向,大拇指指向磁场方向,如图 2-19 所示。

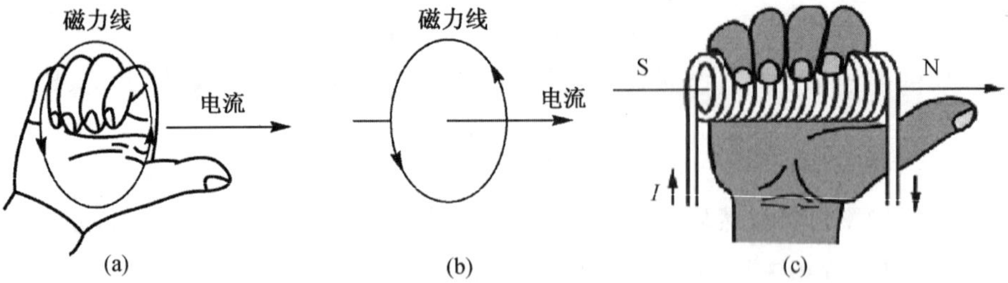

图 2-19 右手螺旋定则

2. 电流的力效应与左手定则

通电导体在磁场中会受到电磁力的作用,将其称为电流在磁场中的力效应,又称该力为电磁力,力的大小用符号 F 表示。采用安培定律计算 F 的大小,安培定律定义为:通电导体与磁场方向垂直时,受到的电磁力 F 的大小与导体所处的磁感应强度 B、通过导体的电流 I 和导体磁场中的有效长度成正比,即

$$F = BIl$$

式中:B 为磁感应强度;I 为通过导体的电流大小;l 为导体在磁场中的有效长度。电磁力 F 的单位为 N。

若通电导体与磁场方向之间的夹角为 α($\alpha<90°$)时,受力大小为

$$F = BIl\sin\alpha$$

电磁力 F 的作用方向采用左手定则进行判定。如图 2-20 所示,把左手伸开,大拇指与其他四指成 90°。如果磁力线指向手心,其他四指指向导线中电流的方向,则大拇指指向的就是导线受力的方向。

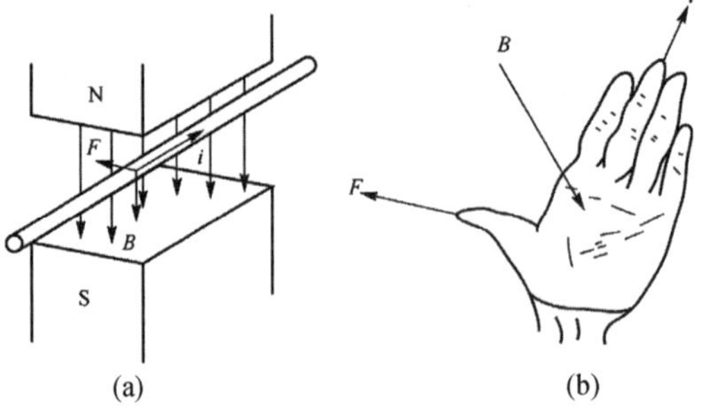

图 2-20 通电导体在磁场中的电磁力 F 及左手定则

3. 直导体的感应电动势

当导体与磁力线之间有相对运动时,在导体中将产生感应电动势 e,感应电动势 e 的表达

式为

$$e = Blv$$

式中：B 为磁感应强度；l 为导体在磁场中的有效长度；v 为导体垂直磁场运动时，导体与磁场的相对切割速度。由上式可知，感应电动势的大小与 B、l 和 v 成正比。

感应电动势的方向采用右手螺旋定则，如图 2-21 所示，伸平右手，拇指与四指垂直，磁力线穿过掌心，拇指指向导体运动方向，四指指向感应电动势的方向。

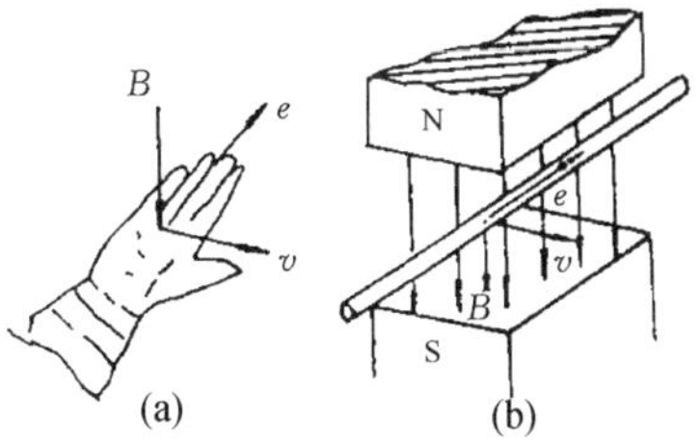

图 2-21　直导体的感应电动势

4. 铁芯损耗及解决措施

当铁芯线圈通入交流电来励磁（变压器、交流电动机及各种交流电器的线圈都是由交流电励磁的），在交变磁通作用下，铁芯中有能量损耗，称为铁损。铁损主要由以下两部分组成。

（1）涡流损耗

铁芯中的交变磁通 Φ 在铁芯中感应出电压，由于铁芯也是导体，便产生一圈圈的电流，称为涡流。涡流在铁芯内流动时，在所经回路的导体电阻上产生的能量损耗称为涡流损耗。

减少涡流损耗的途径有两种：一是用较薄的硅钢片叠成铁芯，二是提高铁芯材料的电阻率。

涡流也有可利用的一面，例如电磁感应炉就是利用在金属中产生的涡流热效应来冶炼金属；电磁灶利用涡流来加热，有些仪表和电气设备中利用涡流来产生制动或阻尼力矩等。

（2）磁滞损耗

铁磁性物质在反复磁化时，磁畴反复变化，磁滞损耗是克服各种阻滞作用而消耗的那部分能量。磁滞损耗的能量转换为热能而使磁性材料发热。

为了减少磁滞损耗，一般交流铁芯都采用软磁材料。

第四节 三相交流电源和三相负载（二类轮机长）

一、三相交流电源的产生

三相交流电源是由三相交流发电机所产生，三相交流发电机示意图如图 2-22（a）所示，三相交流发电机主要组成部分是电枢和磁极，又可称为定子和转子。其中，定子由硅钢片组成，三相绕组放置在定子中，空间相互差 120°，三相绕组示意图如图 2-22（b）所示。转子铁芯上的励磁绕组通电后，原动机（船用柴油机）带动转子旋转后将在三相绕组中产生出幅值（最大值）

相等、频率相同，彼此间相位差为 120°的正弦交流电动势 e_A、e_B 和 e_C。

将幅值（最大值）相等、频率相同，彼此相位差为 120°的电动势称为一组三相交流对称电动势。

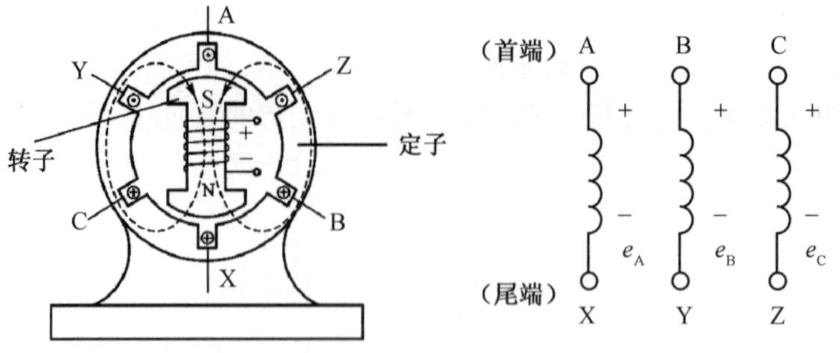

(a) 三相交流发电机示意图　　(b) 三相绕组示意图

图 2-22　三相交流电源的产生

二、三相电源的连接方式

三相同步发电机可以每相绕组单独供电，但需要用六根导线进行能量输出，为简化布线系统，常用的三相绕组连接方式为星形（Y）和三角形（△）连接。

三相电源的星形连接方式如图 2-23 所示。将把发电机绕组的末端 X、Y 和 Z 连在一起，成为一个公共点，又称中性点和零点，用符号 N 表示。

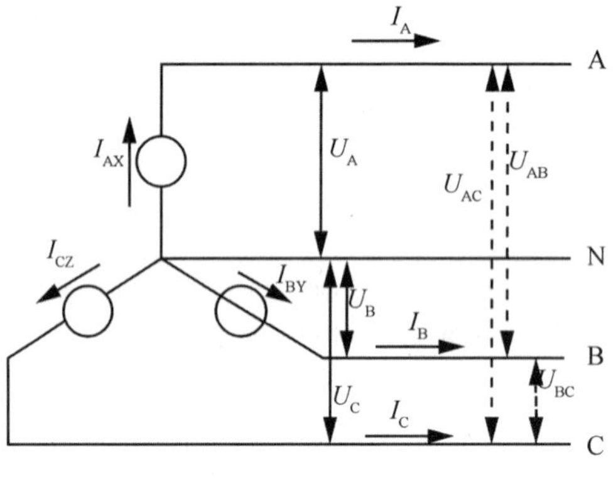

图 2-23　三相电源的星形连接

由首端 A、B、C 和中性点 N 引出四根导线与外电路相连，构成三相四线制电路。首端引出的三根导线 A、B、C 又称端线（火线），中性点引出的导线 N 称为中性线（零线），如中性线与大地相连又称为地线。无中线 N 的供电方式称为三相三线制。

各相绕组首、末端的电压，即相线与中线的电压（火线和零线间的电压）称为相电压。在图 2-23 中，分别用 U_A、U_B 和 U_C 表示三相绕组的相电压。任意两相间的电压，即相线与相线的电压（火线与火线间的电压）称为线电压。在图 2-23 中，分别用 U_{AB}、U_{BC} 和 U_{AC} 表示线电压。在三相电源对称条件下，相电压和线电压也可用 U_P 和 U_L 表示。

流经各相绕组的电流称为相电流，如图 2-23 中的相电流 I_{AX}、I_{BY} 和 I_{CZ}。流过各端线（火线）的电流称为线电流，如图 2-23 中的相电流 I_A、I_B 和 I_C。

三相发电机的绕组做星形连接时的特点为：线电压在数值上为对应相电压的$\sqrt{3}$倍（$U_{AB}=\sqrt{3}U_A$），且较各相应的相电压在相位上超前30°；线电流等于相电流（$I_{AX}=I_A$）。

目前，国产船舶常用的三相电源线电压为380 V，相电压为200 V。当线电压为380 V时，三相四线制可以通过线电压给额定电压为380 V的三相电动机供电，也可以通过相电压给额定电压为220 V的照明等设备供电。

由于三相发电机一般不采用三角形接法，因此这里不对其进行介绍。

三、三相负载及连接

使用交流电设备时，有单相和三相的区别，如照明设备采用单相供电，而船用电动机大多采用三相供电。

接在三相电路中的三相用电器，或是分别接在各相电路中的三个单相用电器，统称为三相负载。如果每相负载的电阻相等，电抗也相等，而且性质相同（同为电感性或同为电容性负载），这种负载称为三相对称负载，否则就称为三相不对称负载。它们在与三相电源连接中有星形和三角形连接两种方式。

1. 三相负载的星形连接

三相负载的星形连接又有三相四线制和三相三线制两种接法。其中，三相四线制的星形连接如图2-24所示。

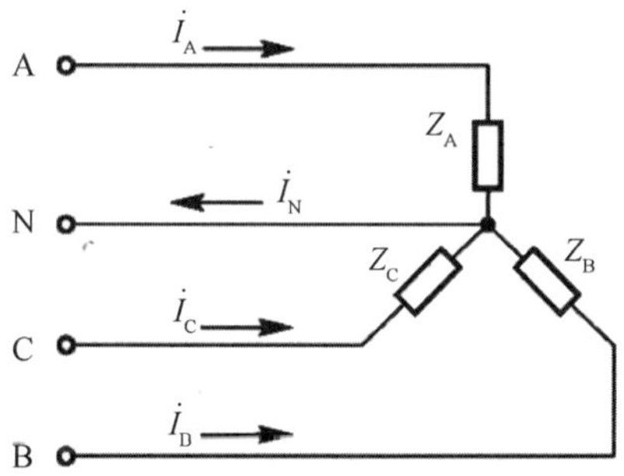

图2-24 三相负载的星形连接

与三相四线制下的三相电源相比，三相四线制下的三相负载星形连接具有与电源类似的特点：

（1）各相负载所承受的电压为对称的电源相电压。

（2）负载中的线电压在数值上为对应相电压的$\sqrt{3}$倍，且较各相应的相电压在相位上超前30°；线电流等于相电流。

（3）中线电流等于各相（线）电流的相量和。

（4）若各相负载对称，则中性电流和为0，不用中线，可以省去，成为星形连接的三相三线制。

（5）若各相负载不对称，即使三相电源对称，计算得出各相电流将不同。此时为了保证各相电压对称，必须要有中线，不能省去，且中线不准安装熔丝和开关，以免中线断开。

2. 三相负载的三角形连接

三相负载的三角形连接方法如图 2-25 所示。三相负载首尾相接，三个连接点接三相电源。

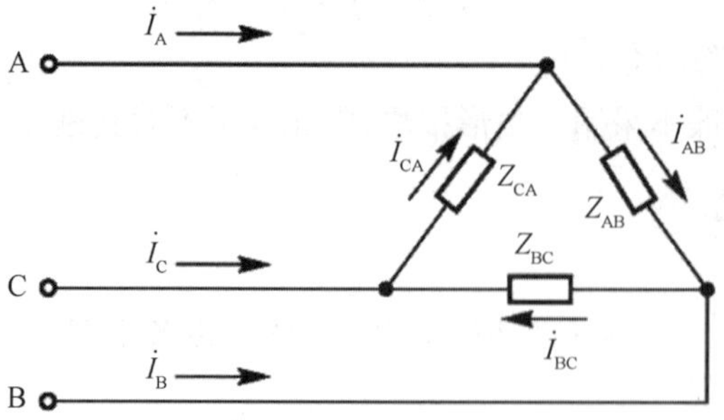

图 2-25　三相负载的三角形连接方法

当负载做三角形连接时，具有以下特点：

(1) 各相负载所承受的电压为对称的电源线电压。

(2) 负载中的线电流等于相电流的$\sqrt{3}$倍，且线电流在相位上滞后相电流 30°；线电压等于相电压。

综上所述，三相负载可连接成星形和三角形。针对不同点的使用环境，应合理地选用连接方法，应根据负载的额定电压和电源电压数值来确定。例如，对于 380 V 的三相电源来说，当电动机各相绕组额定电压为 220 V 时，应采用星形连接；若每相绕组额定电压为 380 V 时，应采用三角形连接。

四、三相电路的功率

在星形和三角形两种连接方式中，有功功率 P、无功功率 Q、视在功率 S 的计算方式为：

(1) 当负载不对称时，分别计算每相有功功率 P、无功功率 Q 和视在功率 S，然后求和，即

$$P = P_a + P_b + P_c$$

$$Q = Q_a + Q_b + Q_c$$

$$S = S_a + S_b + S_c$$

(2) 当负载对称时，每相的有功功率 P、无功功率 Q 和视在功率 S 均相同，因此总的各功率可表示为

$$P = 3P_P = 3U_P I_P \cos\varphi_P = \sqrt{3} U_l I_l \cos\varphi_P$$

应注意，上式中的 φ_P 是相电压与相电流之间的相位差。

同理，可得出三相无功功率和视在功率

$$Q = 3U_P I_P \sin\varphi_P = \sqrt{3} U_l I_l \sin\varphi_P$$

$$S = 3U_P I_P = \sqrt{3} U_l I_l$$

第五节 电子技术基础知识(二类轮机长)

一、半导体、PN结的基本概念

半导体材料是导电能力介于导体和绝缘体之间的材料。半导体器件主要有半导体二极管、三极管、场效应管等常用元件。

半导体材料能够广泛应用的主要原因并非在于它的电阻率大小,而是电阻率(导电能力)受温度、光照、掺杂等条件的不同而出现显著的差异,一般具有以下三个特点:

热敏性:电阻率随温度的上升明显下降,呈负温度系数的特性,导电能力随温度的升高而增强。利用该特性可做成温度敏感元件,如热敏电阻。

光敏性:受到光照时,导电能力明显变化。利用该特性可做成各种光敏元件,如光敏电阻、光敏二极管、光敏三极管等。如硫化镉薄膜,无光照时电阻达到几十兆欧姆,具有典型的绝缘体特点;有光照时,电阻只有几十千欧姆。

掺杂性:在纯净的半导体中掺入微量的其他元素(通常叫作掺杂),其导电能力会因掺杂而明显改变。现代电子学中,用得最多的如硅和锗。

根据掺入元素的不同,半导体可以分为N型和P型两大类。

1. N (Negative) 型半导体

在硅或锗晶体中掺入少量磷(或锑),激发出大量自由电子,N型半导体主要靠电子导电。自由电子称为多数载流子(多子),空穴称为少数载流子(少子),并因为电子带负电,故称为N型半导体。

2. P (Positive) 型半导体

在硅或锗晶体中掺入少量硼或其他三价元素,硼原子在取代原晶体结构中的原子并构成共价键时,将因缺少一个价电子而形成一个空穴,于是半导体中的空穴数目大量增加,空穴成为多数载流子,而自由电子则成为少数载流子,并因为空穴带正电,故称为P型半导体。

由于N型半导体中正电荷量与负电荷量相等,故N型(或P型)半导体整体呈电中性。在一块晶片的两端分别形成P型、N型半导体,两者交界的地方称为PN结。在PN结外加正向直流电压(即P区接电源正极,N区接电源负极)时,这时PN结处于正向导通状态。在PN结外加反向直流电压(即P区接电源负极,N区接电源正极)时,PN结处于反向截止状态。

二、二极管

二极管就是一个封装好的PN结,具有单向导电性,二极管符号如图2-26(a)所示。生活中最常用的二极管是发光二极管(LED),图2-26(b)所示为发光二极管实物图。

当对二极管两端施加较小的正向电压不足以驱动PN结时,PN结不导通;当电压超过一定数值时,PN结瞬间导通,该电压称为“死区电压”,该“死区电压”受材料和环境温度影响,温

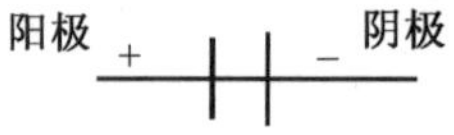

(a) 二极管符号

(b) 发光二极管实物

图 2-26　二极管

度越高，死区电压越小。通常锗管死区电压为 0.2 V，硅管死区电压为 0.5 V。

当对二极管两端施加反向电压时，在一定范围内反向电流基本恒定，该电流又称为反向饱和电流；当反向电压超过一定数值时，反向电流突增，PN 结将被击穿，该电压称为反向击穿电压，在使用二极管时应避免出现这种情况。

二极管工作参数：

（1）正向平均电流（I_F）

二极管在长时间使用中，其允许流过的最大工频正弦半波电流的平均值称正向平均电流（I_F），当超过该值时，PN 结容易过热导致二极管损坏。

（2）反向工作峰值电压（U_{RWM}）

反向工作峰值电压（U_{RWM}）是保证二极管不被反向击穿的最大电压。

（3）反向峰值电流（I_{RM}）

反向峰值电流（I_{RM}）是指二极管被施加反向工作峰值电压时的反向电流值。

选用二极管时，正向平均电流应按有效值相等的原则选取电流定额，并留有一定的余量；反向工作峰值电压应至少是实际电压峰值的两倍以上，同时要考虑环境温度和工作时的温度对于二极管反向电流的影响。

三、稳压管

稳压管是一种特殊的面接触型二极管。其外形和内部结构与整流用二极管相似，稳压管符号和实物如图 2-27 所示。

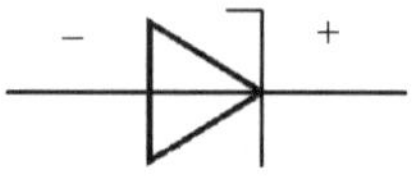

(a) 稳压管符号

(b) 稳压管实物

图 2-27　稳压管

普通二极管的反向击穿是不允许的，而对于稳压管，则正是利用它反向击穿情况下管子电流变化很大而电压基本不变这一特性，稳压管工作在它的反向击穿区。当反向电压在击穿电压范围内时，反向电流很小。当反向电压增大到击穿电压时，反向电流突然剧增，稳压管反向击穿。随后，即使电流在很大范围内变化，但稳压管两端的电压变化很小。因此可将稳压管用在电路中作稳压作用，在实际使用时，必须串联适当的限流电阻，确定电流在它的允许范围内。

稳压管的主要参数：

(1)稳定电压(U_Z)

稳定电压是稳压管在反向击穿状态下管子两端的稳定工作电压。温度一定时，稳压管的稳定电压值一定。

(2)稳定电流(I_Z)

稳定电流是稳压管在稳定电压范围内工作性能较好的工作电流。另外，稳压管还规定了最大稳定电流(I_{Zmax})。

(3)最大允许耗散功率(P_{ZM})

最大允许耗散功率指稳压管不致发热击穿的最大功率损耗，即 $P_{ZM}=U_Z \cdot I_{Zmax}$。

四、单相整流电路

直流电源被广泛应用到船舶自动化设备中，除了利用直流发电机、蓄电池供电外，目前较常用的是半导体直流电源，而整流电路是半导体直流电源的重要组成部分。

1. 单相半波整流电路

单相半波整流电路是最简单的整流电路，如图 2-28 所示。由电源变压器、整流二极管 V 和负载电阻 R_L 组成。变压器把交流电压 u_1 变换为整流电路所要求的交流电压 u_2，二极管 V 则把交流电压 u_2 变换为脉动直流电 u_0。

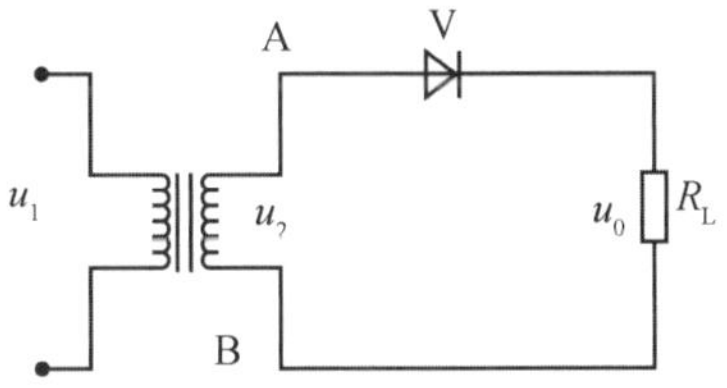

图 2-28 单相半波整流电路

若忽略二极管的导通压降，则整流电路的工作过程如下：在 0~π 期间内，u_2 为正半周，变压器副边 A 端为正，B 端为负。此时二极管 V 承受正向电压而导通，u_2 通过二极管加在负载电阻 R_L 上，整流电路输出电压（即负载电压）的瞬时值为变压器副边电压。在 π~2π 期间内，u_2 为负半周，变压器副边 B 端为正，A 端为负。二极管 V 承受反向电压截止，R_L 上无电压，整流电路输出电压为 0。在 2π~4π 期间内，即第二个周期开始重复上述过程。整流输出电压 u_0 的波形如图 2-29 所示。

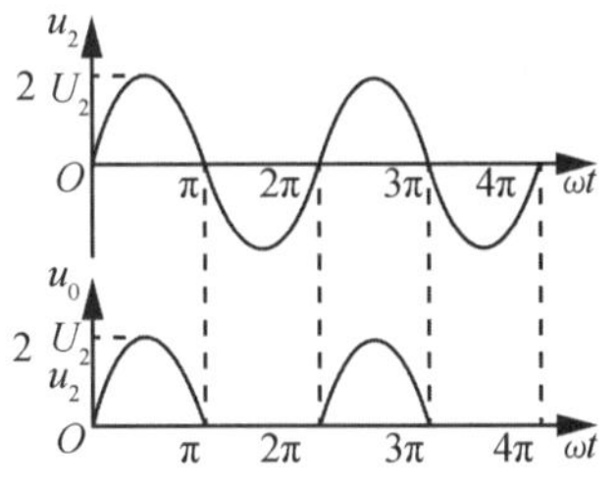

图 2-29 输出电压波形图

可见，经过整流电路，交流电负半周被“削”掉，只有正半周通过电阻 R_L，电阻 R_L 两端得到一个方向不变的电压，但负载电压及负载电流的大小仍随时间变化，这样的直流，常称为脉动直流。

根据正弦波平均值计算公式，可得半波电压在整个周期内的平均值，就是负载的直流平均电压 U_0：

$$U_0 = 0.45U_2$$

2. 单相桥式整流电路

单相桥式整流电路是使用最多的一种整流电路。通过四只整流二极管，连接成“桥”式结构，如图 2-30 所示。

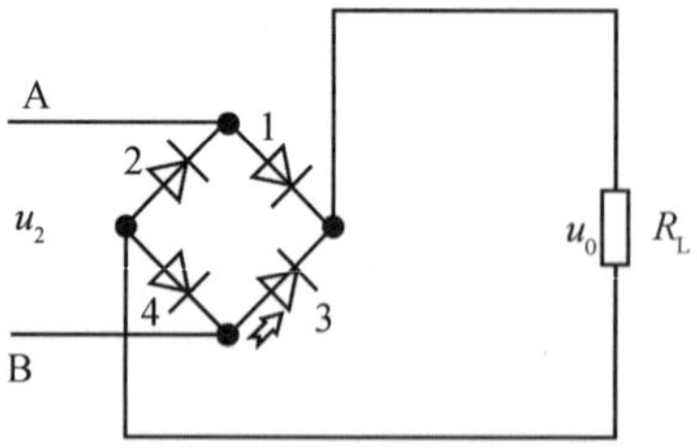

图 2-30　全波整流电路

桥式整流电路有四个二极管，当变压器副边电压 u_2 为正半周时，A 端为正，B 端为负，二极管 1、4 承受正向电压而导通，二极管 2、3 承受反向电压而截止，电流的通路为 A–1–R_L–4–B，如图 2-31(a)所示；当变压器副边电压 u_2 为负半周时，B 端为正，A 端为负，二极管 3、2 承受正向电压而导通，二极管 1、4 承受反向电压而截止，电流的通路为 B–3–R_L–2–A，如图 2-31(b)所示。

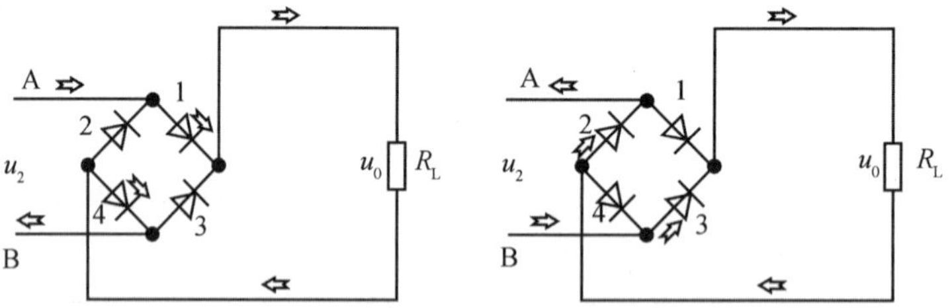

(a) 正半周通路　　(a) 负半周通路

图 2-31　全波整流电流通路

单相桥式整流输出电压波形图如图 2-32 所示。

分析得知，桥式整流输出电压波形比半波整流输出电压波形多半个周期。

显然，单向桥式整流电路输出平均电压（即负载电压）U_0 相对于半波整流其平均电压增加了一倍，因此平均电压和电流满足关系式：

$$U_0 = 0.9\ U_2$$

$$I_{F(AV)} = \frac{1}{2}I_0 = \frac{1}{2}I_R = \frac{0.45U_2}{R_L}$$

在桥式整流电路中，二极管承受的最大反向电压为变压器副边电压的最大值，即

$$U_{RM} = \sqrt{2}U_2$$

综上所述，桥式整流电路通过每个二极管的平均电流仅为负载平均电流的一半，承受的最

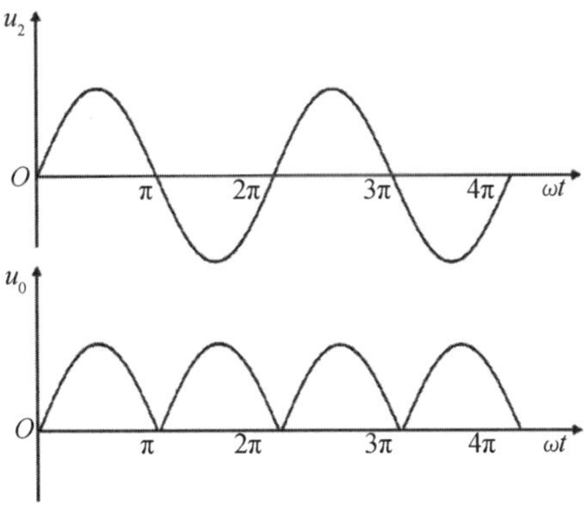

图 2-32 单相桥式整流输出电压波形图

大反向电压为变压器副边电压的最大值,桥式整流电路适用于要求电流较大的场合。

第六节 实操训练

实训一:三相负载 Y/△接线,测量电流

一、任务要求

1. 理解三相交流电动机的 Y/△连接电气原理图。
2. 掌握三相交流电动机的 Y/△连接方法。
3. 掌握钳形电流表的使用方法。
3. 了解相电流和线电流间的关系。

二、任务准备

1. 三相交流电动机及配套的 Y/△连接端口。
2. 三相交流电动机 Y/△电气原理挂图一幅。
3. 钳形电流表。

三、任务实施

1. 通过三相交流电动机 Y/△连接电气原理分析,复习三相交流电动机 Y/△原理图及相、线电流间的关系。

2. 基于 Y/△连接电气原理图,分析与之对应的实际接线端口,掌握三相交流电动机 Y/△实际连接方法。

3. 通过讲解钳形电流表的电流测量方法,掌握测量三相交流电动机 Y/△连接中的相、线

电流大小。

4. 掌握 Y/△连接和电流测量中应注意的安全事项。

在船舶管理中，根据负载的额定电压不同，选择不同的接线方式，最常用的三相交流电机实物如图 2-33(a)所示。若以三相交流电机为例，通常三相交流电机有两种接法，Y 和△接法，由于三相交流电机为对称性负载，所以在 Y 形接法中可以不用中性线，而采用三相三线制接法。三相电源给三相交流电机供电前，应将输电线接入三相交流电机接线盒。接线盒中共有六个端子，分别为 W_1、U_1、V_1、W_2、U_2 和 V_2，采用图 2-33(b)的接线原理图可选择三相交流电机的 Y 和△接法，采用 Y 形连接时，将 W_2、U_2 和 V_2 短接在一起，W_1、U_1 和 V_1 连接三相电源输电线；若采用△形连接时，将 W_2 和 U_1、U_2 和 V_1、V_2 和 W_1 分别短接，W_1、U_1 和 V_1 连接三相电源输电线。三相电动机 Y 形接线实物图如图 2-33(c)所示。

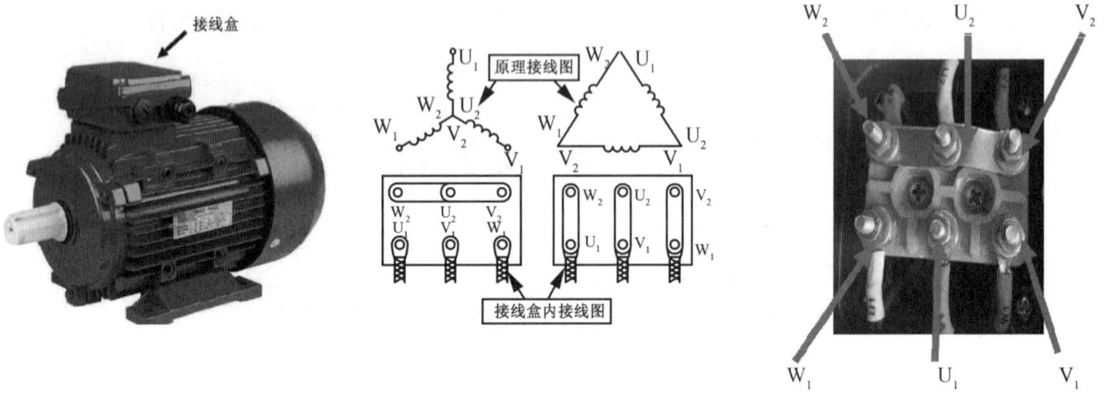

(a)三相电动机实物　　(b)三相电动机 Y/△接线原理图　　(c)三相电动机 Y 形接线实物图

图 2-33　三相交流电机

在实际测量中，一般使用钳形电流表对三相负载的相电流进行测量。钳形电流表如图 2-34 所示。钳形电流表是由电流互感器和电流表组合而成的。电流互感器的钳头在捏紧扳机时可以张开，被测电流所通过的导线可以不必切断就可穿过钳头张开的缺口，当放开扳手后钳头闭合。钳形电流表测量示意图如图 2-35 所示。

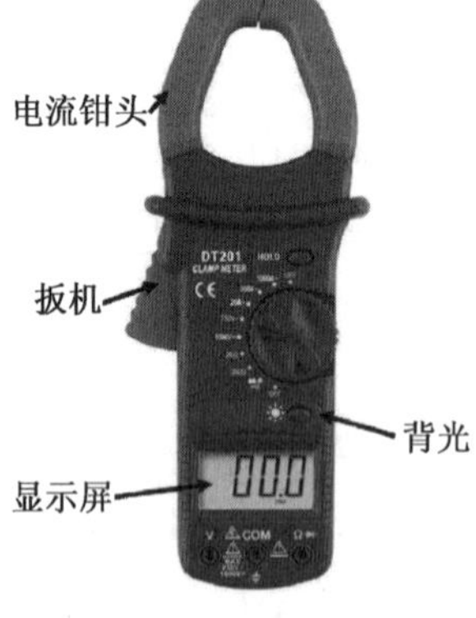

图 2-34　钳形电流表

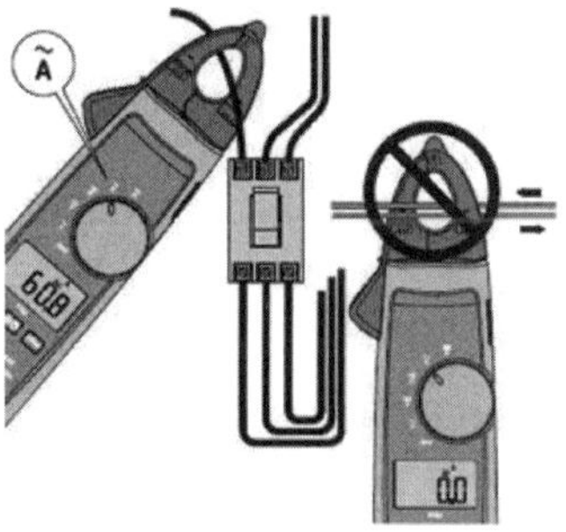

图 2-35 钳形电流表测量示意图

在测量中，若负载为“三相平衡负载”（比如电动机），那么可以只测量一相电流，就可以知道另外两相电流；如果是三相不平衡负载或者是三相电路分为三路单相供电给单相负载，那就需要分别对三相电路中的每一相分别进行测量。

在测量过程中，应注意以下事项：

（1）在使用钳形电流表前，应确认是交流还是交、直流两用钳形表。

（2）测量前应估计被测电流的大小，选择合适的量程，在不知道电流大小时，应选择最大量程，再根据指针摆动情况适当减小量程，但不能在测量时转换量程。

（3）为了使读数准确，应保持钳口干净无损，如有污垢时，应用汽油擦洗干净再进行测量。进行电流测量时，被测载流体的位置应放在钳口中央，以免产生误差。

（4）电路上的电压要低于钳形电流表额定值，不可用钳形电流表去测量高压电路的电流；否则，容易造成事故或引起触电。

（5）钳形电流表每次只能测量一相导线的电流，被测导线应置于钳形窗口中央，不可以将多相导线都夹入窗口测量。

（6）钳形电流表不能测量裸导线电流，以防触电和短路。

（7）测量完后一定要将量程分挡旋钮放到最大量程位置上。

第三章 同步发电机的操作

第一节 同步发电机的铭牌(二、三类轮机员)

在使用交流电制的船舶中,均采用三相交流同步发电机作为主电源设备。三相交流同步发电机是一种能量转换装置,它将原动机发出的机械能转换成电能。三相交流同步发电机的重要运行、管理参数均可从铭牌数据中得知,其为发电机运行的稳定性和可靠性提供了数据支撑。

同步发电机的铭牌是电机制造厂向用户介绍该台发电机的特点和额定运行数据用的。铭牌上标出的额定值及内容在选配、使用和维护发电机方面都是非常重要的,故应理解和掌握这些数据,下面将简介同步发电机铭牌上常见的内容和额定值。

1. 型号

同步发电机的型号,一般来说应能区别产品的性能、用途和结构特征等。

2. 相数

同步发电机主要为三相或单相。

3. 额定功率(P_N)

额定功率是指发电机在额定运行条件下所输出的电功率。有的发电机用有功功率(单位kW)表示,也有的用视在功率(单位kVA)表示。

4. 额定电压(U_N)

额定电压是指发电机长期正常运行时的最高工作电压,通常规定的是指定子绕组的线电压(单位V或kV)。

5. **额定电流（I_N）**

额定电流是指发电机长期正常运行时，且温升在额定范围内，可输出的最大线电流，单位为 A。

6. **额定频率（f_N）**

额定频率是指发电机长期正常运行时所发出交流电的频率，单位为 Hz。我国规定的额定工业频率为 50 Hz。

7. **额定转速（n_N）**

额定转速是指发电机转子在额定条件下正常运行时的转速，单位为 r/min。当同步发电机在一定的极数 p 条件下以规定的频率运行时，其转子的转速就是同步转速 n，即

$$n = \frac{60f}{p}$$

8. **额定效率**

额定效率是指发电机在额定工作状态下运行时的效率。

9. **额定功率因数**

额定功率因数是指发电机在额定功率输出时，其定子绕组中相电流和相电压之间相角差的余弦值。一般规定发电机额定功率因数为 0.8，但在大型发电机中额定功率因数也有规定为 0.85 或 0.9 的。

10. **额定温升**

额定温升是指发电机长期正常运行时，电机某部分的最高温度与规定入口处风温的差值。由于发电机在运行中其绝缘材料会逐渐老化，而对绝缘老化影响最大的就是绝缘材料所处的温度。绝缘材料受热后所受温度越高则老化越快、寿命越短。因此，必须严格规定发电机的允许温度和额定温升，使之不超过允许值，以保证发电机能安全正常运行而不致影响使用寿命。

11. **额定励磁电压（U_{fN}）**

额定励磁电压是指发电机正常发电时，其励磁绕组两端应保证的电压值。

12. **额定励磁电流（I_{fN}）**

额定励磁电流是指发电机正常发电时，进入其励磁绕组内电流的保证值。

13. **额定励磁功率（P_{fN}）**

额定励磁功率是指发电机正常满负载发电时，应提供其励磁绕组足够的励磁功率。

14. **绝缘等级**

规定以发电机所使用的绝缘材料耐热等级作为发电机的绝缘等级。同步发电机常用的绝缘材料有 E 级、B 级、F 级，其允许温度依次分别为 115 ℃、130 ℃、155 ℃。

如图 3-1 所示为某三相交流同步发电机铭牌，通过铭牌可知：该同步发电机型号为 STC-50，额定功率为 50 kW，额定电压为 400 V，额定电流为 90.2 A，工作频率为 50 Hz，额定转速为 1 500 r/min，功率因数为 0.8，励磁电压为 130 V，励磁电流为 9.5 A，绝缘等级为 B 级，接线方式采用 Y 形连接。

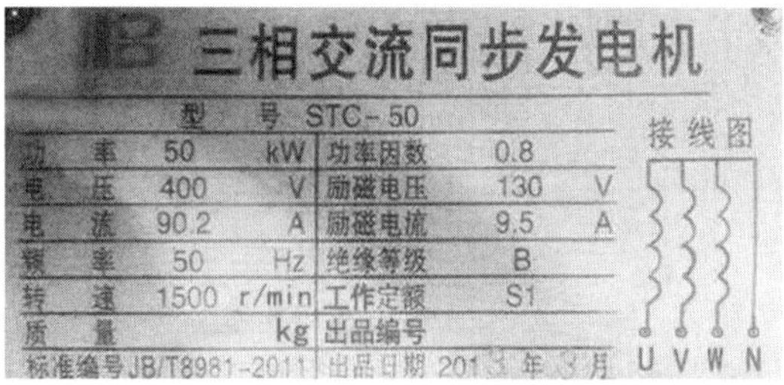

图 3-1　三相交流同步发电机铭牌

第二节 ◉ 同步发电机的结构

如图 3-2 所示为某同步发电机结构剖面图，同步发电机总体由定子、转子、整流器、励磁机、自动电压调节器、风扇、飞轮连接盘和接线端子组成。最核心的部位由定子（固定部分）和转子（旋转部分）两大部分组成。

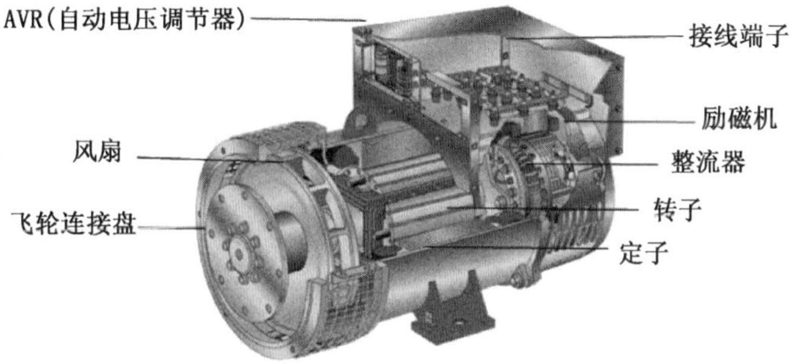

图 3-2　同步发电机结构剖面图

其中，由定子铁芯、转子铁芯和定子、转子间的气隙构成同步发电机的磁路。同步发电机磁路示意图如图 3-3 所示。

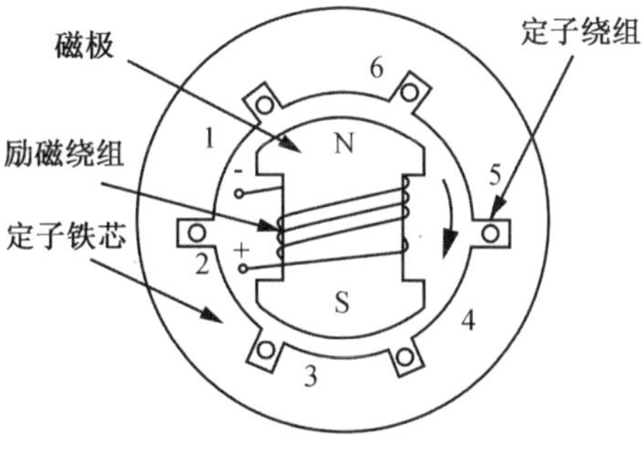

图 3-3　同步发电机磁路示意图

1. 定子

该定子与异步电动机的基本相同，由机座、定子铁芯和定子对称三相绕组等组成。定子对称三相绕组按空间 120°分布于定子铁芯上（图 3-3 中的 1−4、2−5、3−6 三相对称绕组），用于产生对称的三相交流电压，定子三相绕组又称为电枢，其中 p 为磁极对数（图 3-3 中 $p=3$）。目前船舶的同步发电机三相电枢绕组基本上都采用 Y 形连接。同步发电机定子虽与异步电动机定子类似，但相同尺寸下，同步电机通常比异步电机的容量大一些。另外，从表面看，同步电机机壳较为光滑，无散热片，而异步电机表面带有散热槽。

2. 转子

转子即是旋转磁极，旋转磁极式的同步电机是目前船用同步发电机的基本结构形式。转子具有两种结构形式：一种转子为圆柱体，表面开槽，无明显磁极，称为隐极式；另一种有明显的磁极，称为凸极式，如图 3-4 所示。当两种转子绕组中通入直流电流后，将产生恒定的主磁通，并随原动机（柴油机）的运转而产生旋转磁动势。

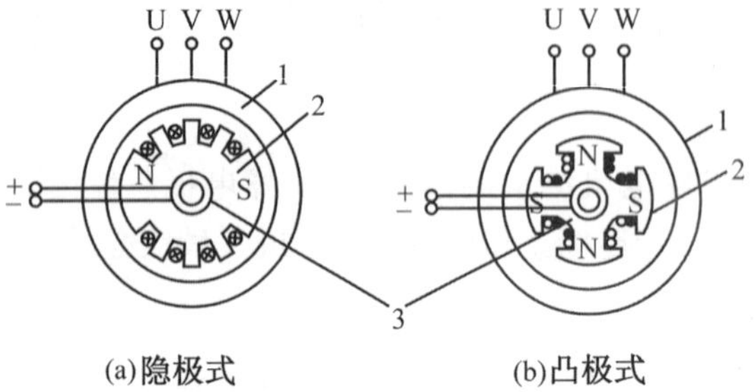

图 3-4　同步发电机定子和转子

1—定子；2—转子磁极；3—滑环与电刷

隐极式和凸极式主要应用的区别在于：对于高速旋转的同步发电机，在转子结构上，常常采用隐极式。如火力发电厂的汽轮发电机组就采用隐极式同步发电机。而对于低速旋转的电机，由于转子的圆周速度较低，离心力较小，故采用制造简单、励磁绕组集中安放的凸极式结构。船舶柴油发电机组多采用凸极式同步发电机。

无论是隐极式还是凸极式，其磁极均以 N-S-N-S 极顺序安放，磁极的励磁绕组直流励磁电流是通过固定在转轴的滑环（集电环）和固定于端盖的电刷从外部的励磁源获得的。

第三节　同步发电机的工作原理（二类轮机长）

1. 发电原理和空载运行

如图 3-5 所示为同步发电机示意图，图中详细描绘了发电机内部的结构。

三相交流同步发电机的发电工作原理：同步发电机在工作时，原动机（一般指柴油机）的输出轴与发电机的联轴器相连，从而使得同步发电机的转子能在原动机的拖动下与原动机同步转动，在转速 n_0 下工作。转子绕组是由直流电流励磁，因此转子绕组建立的磁场对于定子来说是一个稳定的旋转磁场。该磁场切割定子上的三相对称绕组，从而产生三相对称空载电动势 E_0，若励磁电流发生变化，则旋转磁场也将改变，进而感应电动势 E_0 也将改变，此时同步发电机处于空载运行。空载运行即三相交流发电机启动运行后，输出端未外接负载，处于开路状态，该状态下产生的三相感应电动势称为三相空载电动势。

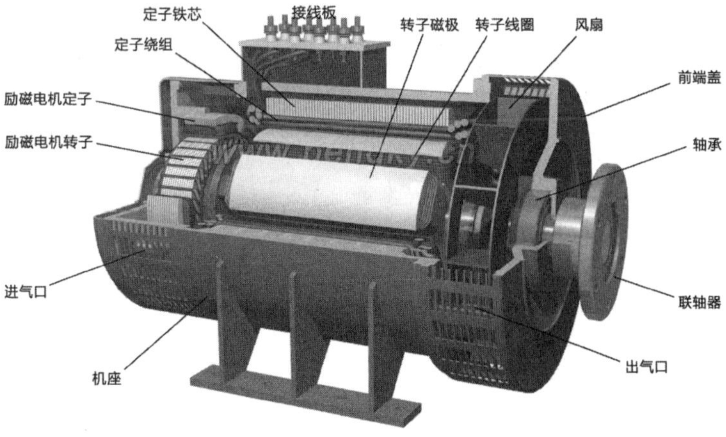

图 3-5　同步发电机示意图

由于定子三相绕组在空间上互差 120°,因此产生的三相感应电动势瞬时表达式为

$$\begin{cases} e_A = E_m \sin\omega t \\ e_B = E_m \sin(\omega t - 120°) \\ e_C = E_m \sin(\omega t + 120°) \end{cases}$$

空载电动势的有效值为

$$E_0 = \frac{E_m}{\sqrt{2}} = 4.44 f N \Phi_0 k_w$$

式中:f 为频率,取决于同步发电机的转速 n 和磁极对数 p,$f = pn/60$;N 为每相绕组总线圈匝数;Φ 为每极基波磁通;k_w 为电枢绕组分布系数,$k_w<1$。

同步发电机的空载运行原理图与空载特性如图 3-6 所示。E_0 为开路相电压,I_f 为励磁电流,A 点为其空载额定电压点。

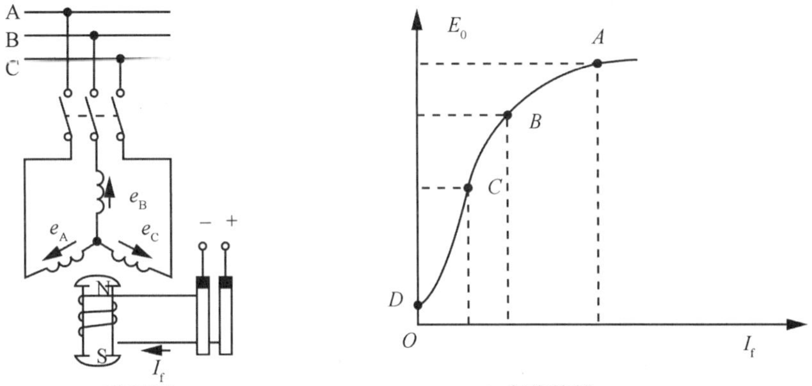

图 3-6　同步发电机空载运行原理图和空载特性

2. 三相交流同步发电机的励磁方式

同步发电机按励磁电源的不同可分为:自励发电机和他励发电机。设有专用励磁电源的为他励方式;由自身输出的交流电经过整流、调节后再获得直流励磁电流为自励方式,其励磁

回路原理图如图3-7所示，该方式为目前船舶同步发电机大多采用的励磁方式。各磁极励磁线圈连接后构成同步发电机的直流电路，各励磁线圈之间的连接极性应使得所产生的磁极极性N、S相邻。为从外部将直流励磁电流引入旋转的励磁线圈中，须将励磁绕组的两个出线端分别接到固定在转抽上的两个滑环上。两个滑环彼此绝缘并对轴绝缘。通过固定的电刷装置与滑环的滑动接触将直流电流引入励磁线圈。

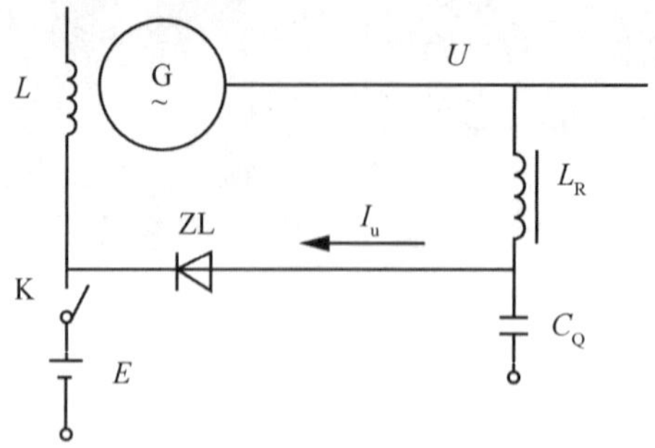

图3-7　励磁回路原理图

第四节 同步发电机的运行条件（二、三类轮机员）

一、运行前的准备与检查

（1）检查发电机及启动设备装置是否可靠和完整。

（2）检查发电机周围应无异物。

停用一个月以上或修理后的发电机还应做以下检查：

（3）启动前应检查绕组对地绝缘电阻，采用500 V兆欧表测量。冷态绝缘电阻应大于1 MΩ，如果过低则需将绕组烘干。注意测量绝缘电阻时应拆除电子电路，避免对电子器件的损害。检查接线是否良好。

（4）检查集电环上的电刷装置是否正常，电刷压力是否合适。

（5）检查轴承是否有油，滑动轴承应检查是否达到规定油位。

（6）检查发电机内部有无杂物。可用压缩空气或吹风机将内部吹净。

（7）检查发电机转子是否有轴向窜动。

（8）检查发电机紧固螺钉是否拧紧。

（9）检查发电机控制系统（参阅电力拖动等章节）。

上述各项检查完毕确认无误后，方可启动发电机，启动后在柴油机怠速状态下看有无异常振动或火花，如有应检查确认并排除。发电机启动达到额定转速后，应空转一段时间，注意观察发电机、传动装置、控制设备、机械设备及各种仪表有无异常现象，发电机是否有不正常噪声、振动、局部过热，电压、励磁电压、励磁电流是否正常。如发现不正常现象应采取措施，待消除后才能投入运行。注意发电机是否能自动起压并非在怠速状态下来判断，而是在额定转速下来判断,不能正常起压时一般可充磁解决。

二、运行中的维护

(1)发电机应经常保持清洁,进风口和出风口必须保持畅通,不允许有水滴、油污或铁屑等杂物落入发电机内部。

(2)在正常运行时,发电机的电压要控制在额定值附近,并同时检查三相电压是否相等,若相差超过 1%,则可能是发电机绕组有故障,需请专业人员判断修理。要经常检查负载电流,不得超过铭牌规定的额定值。在检查额定电流是否超过的同时,还应检查三相电流是否平衡。三相电流任何两相电流值相差不允许长时间超过 15%,超过此值则说明负载匹配有问题,必须采取措施,消除后才能继续使用。

(3)经常检查频率,应保持运行在额定频率附近,一般不超过 0.5 Hz。注意监视功率因数,在功率因数低时,即使功率未超也有可能会过流。

(4)经常检查发电机各部分温度,不允许超过绝缘等级规定的温度,如过高应查明原因,采取措施,必要时可强制散热。如有可能,应对温升采取有效的监视措施。注意内、外部温度有一定的差别。

(5)经常检查发电机的振动、噪声及是否有不正常气味,是否冒烟。当闻到不正常焦味、冒烟或有不正常的振动和噪声时,应立即停机检查。

(6)应经常检查发电机轴承是否过热,是否有漏油情况。

(7)对有刷发电机应检查电刷与集电环间的接触压力、磨损及火花情况。如发现火花严重时,则应清理集电环表面,用 0 号砂布或细锉均匀地把集电环表面磨平,并进行清洁,防止有砂砾、铜屑等损坏集电环表面,然后校正电刷压力。

三、同步发电机并车的条件与方法

1. 同步发电机并车的条件

两台及以上同步发电机同时向负载供电,称为同步发电机组的并联运行。为满足船舶高负荷运行工况用电量的需求,保证船舶的安全航行,如靠离码头、进出狭水道等都需要并联运行。即便是用备用机组替换运行的机组,也需要通过并联操作来完成,从而保证供电的连续性。为将同步发电机成功地投入电网并联运行须满足一定的条件,发电机并联运行须满足四个条件,即

(1)待并发电机的电压与电网(或运行机)电压的相序一致。

(2)待并发电机的电压与电网电压的有效值相同。

(3)待并发电机的电压频率与电网电压的频率相同。

(4)待并发电机的电压相位(或初相位)与电网电压的相位(或初相位)一致。

2. 采用同步表法进行发电机并车

在船舶电站同步屏中,并车时将同步表接通开关转向待并机位置,调节机组频率,向"快"的方向以 3~5 s 旋转一周,待指针接近同相点(提前角)时,按下合闸按钮。同步表是按短时工作制设计的,一般持续工作时间不大于 15 min,间隔为 30 min,所以合闸后应立即断开。不

论是电网负荷需要或进出港安全要求的增机并车，合闸后都应进行转移负载的操作，使功率均匀分配或按容量比例分配，同步表实物图如图 3-8 所示。

图 3-8　同步表实物图

3. 同步发电机自动调压装置的功能

同步发电机的电压从空载到满载其稳态电压变化率可达 20%～40%，当大容量的电感性负载投入和切除时，将引起较大的动态电压波动幅度，影响用电设备的正常工作。因此发电机必须设有维持电压恒定的自动调节装置。

为了保证高质量的供电指标，自动调压装置应具备下述的功能：

（1）自励起压

当发电机启动运行且转速接近额定转速时，自动调压装置应能使发电机可靠起励，建立额定空载电压。

（2）静态电压调整率

当负载变化或由于其他原因引起发电机端电压发生波动时，自动调压装置应能及时而又恰当地调节励磁电流，以保证发电机电压的波动在允许的范围之内。具有调压器的发电机端电压的静态电压变化率（稳态电压变化率）$\Delta U_S\%$可用下式评价，即

$$\Delta U_S\% = \frac{U_S - U_N}{U_N} \times 100\%$$

式中：U_N 为发电机的额定电压（V）；U_S 为发电机在规定的负载变化范围内端电压的稳态最大值 U_{Smax} 或最小值 U_{Smin}，取偏离 U_N 绝对值较大的值（V）。

中国船级社《钢质内河船舶建造规范》规定：发电机从空载至满载，功率因数保持为额定值，主发电机的静态电压变化率应不超过±2.5%以内，应急发电机的静态电压变化率应不超过±3.5%以内。

（3）动态电压调整率

当投入或切除大容量电感性负载时，自动调压装置应能保证发电机的瞬时电压波动以及恢复至稳定值的时间在允许的范围之内。瞬时电压波动率用动态电压变化率 $\Delta U_d\%$ 来表示，即

$$\Delta U_d\% = \frac{U_d - U_N}{U_N} \times 100\%$$

式中：U_d 为发电机突加负载或突减负载时的最高电压 U_{max} 或最低电压 U_{min}。

中国船级社《钢质内河船舶建造规范》规定：发电机突加或突减 50%额定电流及功率因数不超过 0.4（滞后）的对称负载时，发电机的动态电压变化率应在±15%以内，电压恢复时间不

超过 1.5 s。

(4)强行励磁

当电力系统的负载突然有很大的增加或出现短路时,电压将会突然下降很大。为保证电力系统能够可靠、稳定地运行或使选择性保护装置准确动作,要求自动调压装置能迅速做出反应,在最短的时间内,把励磁电流升高至超过额定状态的最大值,即有足够的强行励磁能力,以提高电压的上升速度,使发电机的电压迅速得到恢复,保证短路时产生一定数值的短路电流,使保护装置准确动作,且在短路故障消除后,发电机的电压能够迅速回升。

(5)合理分配发电机的无功功率

当两台发电机并联运行时,为了保证并联发电机运行的稳定性和经济性,自动调压装置应能保证无功功率按发电机各自的容量比例进行分配,以防止个别机组出现电流过载的现象。

中国船级社《钢质内河船舶建造规范》规定,并联运行的交流发电机组,当负载在额定功率的 20%~100%范围内变化时,各发电机实际承担的无功功率与按发电机各自的容量比例计算值之差不应超过发电机最大额定无功功率的±10%。

第五节 实操训练

实训一:指出同步发电机各部分名称(二类轮机长)

一、任务要求

1. 了解同步发电机的基本组成及核心部件。

2. 根据同步发电机实物,能指出与之对应的定子、转子、励磁机、整流器、接线端子和风扇等结构。

二、任务准备

1. 同步发电机二维或三维结构图。

2. 同步发电机一台。

三、任务实施

1. 通过分析同步发电机结构图,了解同步发电机的各个组成部分。

2. 学生通过交流、讨论,了解同步发电机各个组成部分的作用。

3. 对照同步发电机实物,分析讲解结构图中各组成部分对应的实物图。

实训二:正确启动同步发电机并供电(二、三类轮机员)

一、任务要求

1. 掌握正确启动同步发电机的方法。
2. 掌握待同步发电机启动完成后,正确合闸供电的方法。

二、任务准备

1. 同步发电机一台。
2. 船舶电站一套。

三、任务实施

1. 检查并做好同步发电机启动前的各项准备工作。
2. 讲解同步发电机启动与供电中的安全注意事项。
3. 现场操作,演示同步发电机启动的正确步骤。
4. 待发电机启动后,演示检查是否满足合闸条件(电压、极性、相序及频率等参数),并进行合闸供电操作。
5. 学生分组进行同步发电机启动及合闸操作。

第四章 电力系统管理

第一节 船舶电力系统的组成、特点及基本参数(二、三类轮机员)

一、船舶电力系统的组成

船舶电力系统主要由电源、配电装置、电力网和负载四部分组成,如图 4-1 所示为船舶电力系统单线原理图。

1. 电源

电源是将其他形式的能量(如机械能、化学能等)转换为电能的装置。通常船舶电源主要是发电机组和蓄电池组。船舶发电机组绝大多数是交流机组。

由于柴油机热效率比较高、启动快、机动性好,因此在民用运输船上发电机的原动机多采用柴油机。

2. 配电装置

配电装置是接收和分配电能的装置,也是对电源、电力网和负载进行保护、监视、测量和控制的装置。

3. 船舶电力网

船舶电力网是船舶输电电缆和电线的总称。电力网作为中间环节连接电源和负载,以实现能量的传递和信息的处理。船舶电力网通常由动力电网、照明电网、应急电网、低压电网和弱电电网等组成。

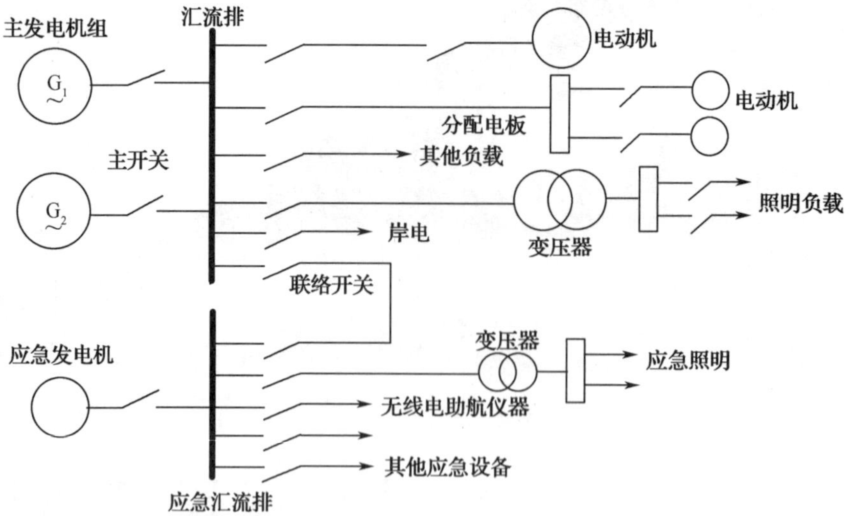

图 4-1　船舶电力系统单线原理图

4. 负载

负载即用电设备，它是将电能转换成其他形式能量的装置。例如，各种机械的电力拖动设备(甲板机械、舱室机械)、各种电气照明设备、通信导航设备及其他生活用电设备。

二、船舶电力系统的特点

船舶电力系统具有以下几个特点：

(1)船舶电站容量较小，电网频率和电压波动较大。

(2)船舶电网的输电距离短，线路阻抗低，各处短路电流大。

(3)电气设备工作环境恶劣，要能在湿热、盐雾、霉菌、油气的环境中和在规定的船舶倾斜、摇摆、振动或冲击等条件下可靠地工作。

三、船舶电力系统的基本参数

船舶电力系统的基本参数主要是指船舶主电网的电流种类、额定电压和额定频率。

(1)电流种类，即电制。电流种类分直流、交流两种。

(2)额定电压：大多数交流船舶电网的额定电压或为 380 V 或为 440 V。

对于用电设备也都有规定的标准额定电压。我国用电设备的额定电压有 24 V、110 V、220 V、380 V、1 kV、3 kV、6 kV、10 kV 等，电源电压的额定值比同级电力系统或用电设备的额定电压高 5%左右：如照明电源的额定电压为 230 V；动力电源的额定电压为 400 V 等。

(3)额定频率：我国采用的频率为 50 Hz，一些国家如日本、美国等采用 60 Hz 的频率标准。

第二节 船舶主配电板的组成与功能（二、三类轮机员）

船舶配电板是对船舶电源发出的电能进行集中控制并分配给各用电设备的一种装置。按照用途可以分为主配电板、应急配电板、充放电板、区配电板、分配电板和岸电箱等六种；按形状可以分为垂直立式、台式、桌式和控制台式四种。配电板的外壳结构根据不同的要求可以制成防护式、防滴式和防水式。通常主配电板和应急配电板多采用防护式。

一、主配电板

主配电板是对电能进行集中控制、监测和分配的一种装置。它是由各种开关、自动控制与保护装置、测量仪表及互感器、调节和信号指示等电气设备按一定要求组合而成的一个整体。一般由发电机控制屏、并车屏、负载屏及汇流排等四部分组成。主配电板实物图如图 4-2 所示。

1. 发电机控制屏

发电机控制屏是用于控制、调节、保护、监测发电机组的，每个发电机组均应配有单独的控制屏。发电机的控制屏面板常设计成上、下两部分。上部装有测量仪表（电流表、电压表、频率表、功率表、功率因数表）、转换开关、原动机的调速开关、指示灯、按钮等；下部装有发电机主开关、逆功率继电器和仪表互感器等。有的船舶也装有发电机励磁控制装置。

2. 并车屏

并车屏用作交流发电机组的并车整步操作。并车屏的面板上装有同步表、同步指示灯、转换开关、操纵按钮及指示灯等。有些并车屏里面还设有汇流排分段隔离开关、粗同步电抗器、自动并车装置等。

3. 负载屏

负载屏用来分配电能并对各馈电线路进行控制、监视和保护，通过装在负载线路上的馈电开关将电能供给各用电设备或分电箱。它包括动力负载屏和照明负载屏。

负载屏上通常安装有装置式自动空气开关、电压表、电流表、转换开关、绝缘指示灯、兆欧表以及与岸电箱相连的岸电开关等。

4. 汇流排

配电板上主汇流排及其连接件必须是铜质的，连接处应做防腐或防氧化处理。汇流排应坚固耐久，能承受短路时的机械冲击力，其最大允许温升为 45 ℃。

交流汇流排按从上到下（垂直排列）、从左到右、从前到后（水平布置）的顺序依次为 A 相、B 相、C 相。汇流排的颜色 A 相为绿色，B 相为黄色，C 相为褐色或紫色，中线为浅蓝色。

直流汇流排按从上到下（垂直排列）、从左到右、从前到后（水平布置）的顺序依次为正极、中线、负极。汇流排的颜色正极为红色，负极为蓝色，中线为绿色和黄色间隔。

图 4-2　主配电板实物图

二、应急配电板

应急配电板用来控制和监视应急发电机组的工作情况，并向船舶应急用电设备供电。它与应急发电机组安装在同一舱室内，一般位于艇甲板层。应急配电板通常由应急发电机控制屏和应急配电屏组成，其上面安装的仪器仪表与主配电板基本相同。只是由于应急发电机组总是单机运行，所以不需要并车屏。

应急电网平时可由主配电板供电，只有在应急的情况下才由应急发电机组供电。因此，主配电板接向应急配电板供电联络开关应与应急配电板的电源开关设有电气联锁，以保证当主发电机工作并向电网供电时，应急发电机组不工作，一旦主发电机开关跳闸，应急发电机组的自动启动装置确认电网失电后立即启动并向应急供电设备供电。

三、充放电板

充放电板的作用是：

(1)对船上安装的蓄电池组进行充电和放电。

(2)控制和监视充电电源的工作情况。

(3)将蓄电池组的电能分配给船上的低压用电设备。

(4)当主电网、应急电网都失电的情况下，能自动接通蓄电池的放电回路，直接向小应急用户供电。

四、区配电板、分配电板

区配电板是向成组用电设备进行供电的开关和控制设备的组合装置。区配电板供电负载组数一般较多,它主要是控制分配电板或向正常工作电流大于 16 A 的电气设备供电。

分配电板一般只向单一性质负载供电,供电负载组数较少,它主要用作对额定电流不超过 16 A 的最后分支电路进行电能分配。

五、岸电箱

船舶停靠码头或厂修时,有时需要接用岸上的交流电源。岸电通过岸电箱接至船舶主配电板或应急配电板。岸电箱通常设置在主甲板以上的位置,面板上应设有指示灯以指示外来电缆是否有电,箱内还应设置岸电相序的监视设备,只有当接入岸电的相序与船舶电网的相序一致时,才能允许合上岸电箱的开关。

第三节 空气断路器的分类与功能

空气断路器是一种带有保护装置的开关电器,绝缘介质是空气,所以称为空气断路器。空气断路器按结构又分为万能式空气断路器和装置式空气断路器。

万能式自动空气断路器又称框架式空气断路器,按其结构又有固定式和可抽出(抽屉)式之分。在船舶电站中,主要用于发电机主开关,在正常时不频繁地对发电机进行合闸或分闸操作,不正常时对发电机起过载、短路及失欠压保护作用,自动使发电机分闸。

装置式自动空气断路器又称塑料壳式空气断路器,在船舶配电装置中多用作各分路负载的通断和保护电器。

一、万能式自动空气断路器

万能式自动空气断路器在发电机正常运行时作为主开关来接通和断开主电路。当发电机不正常工作时,它又作为保护装置对主电路的短路、过载以及欠压等故障进行保护,自动断开主电路。因此万能式自动空气断路器在船舶电站中是一个非常重要的电器。我国生产的船用万能式自动空气断路器型号主要有 DW-94、DW-95、DW-98 和 AH 等几种。

万能式自动空气断路器型式很多,结构也不尽相同,但基本工作原理大同小异,一般都由触头系统、灭弧装置、自由脱扣机构、操作传动装置和保护元件组成。如图 4-3 所示为万能式自动空气断路器的框图及实物图。

1. 触头系统

万能式自动空气断路器主触头在断开时,电流很大,会产生强烈的电弧,因此必须具有完善的触头系统。通常每相由两个或三个相互并联的触头即主触头、副触头和弧触头组成。主触头承担电路的正常工作电流,弧触头是为了避免主触头断开电路时产生的电弧烧坏主触头而设置的,副触头是考虑到断开电路时,电流由主触头移到弧触头的瞬间,可能因压降太大产生电弧烧坏主触头而设置的。

触头系统在合闸时弧触头先接通,然后是副触头,最后是主触头。而分闸时主触头先断

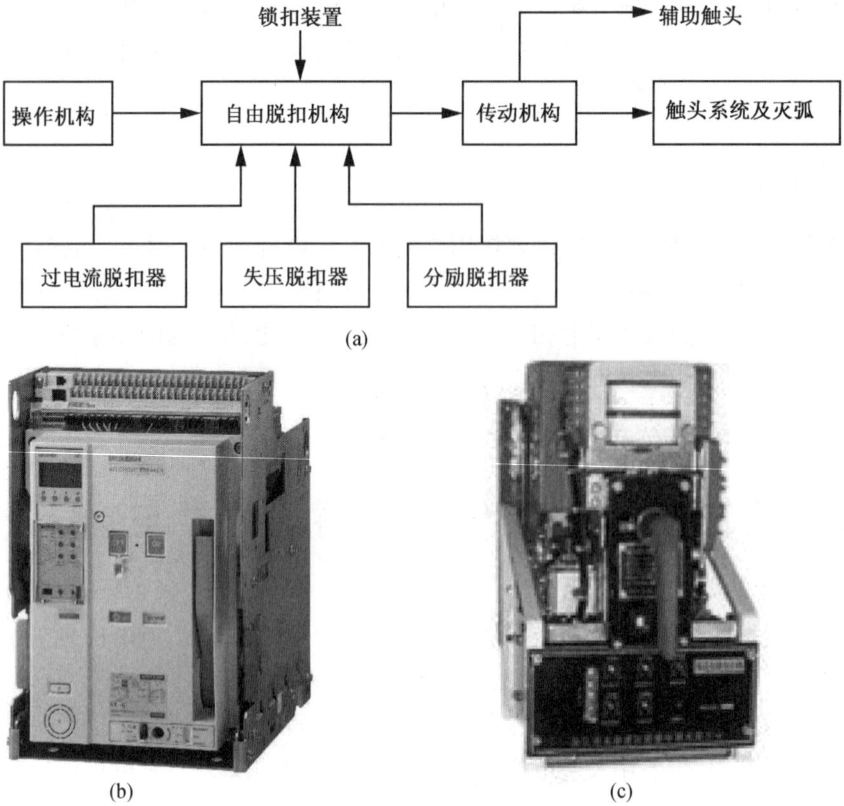

图 4-3　万能式自动空气断路器的框图及实物图

开，然后是副触头，最后是弧触头，断开电路产生的电弧在弧触头熄灭。当弧触头失去作用时，副触头也可代替弧触头工作。

主触头要求用良好的导电材料如银钨合金制成，副触头一般采用紫铜制成，弧触头由耐弧性能良好的材料如铜或铜钨合金等制成。

2. 灭弧装置

万能式自动空气断路器大多采用灭弧栅进行灭弧，灭弧装置由许多长短不同的铁质栅片和绝缘材料构成的灭弧罩组成。为减小电弧进入栅片的阻力，灭弧栅片做成“人”字形缺口，相邻栅片的缺口互相错开，按一定的间隔距离交叉排列。当断开电路产生电弧时，由于电磁力的作用，将电弧吸入栅片内，分割成许多较短的小段，从而实现迅速灭弧。

3. 自由脱扣机构

自由脱扣机构的作用是使触头保持闭合或迅速断开。它是触头系统和操作传动装置之间的联系机构。如果要合闸，只要将手柄往上推即可。若脱扣后需合闸时，应先将手柄向下拉再合闸。

4. 操作传动装置

操作传动装置的作用是通过自由脱扣机构使触头闭合或断开。万能式自动空气断路器的传动装置有手柄式、连杆式、电磁式、电动式等几种。无论哪一种操作方式，合闸前都必须使储能弹簧储能，自由脱扣机构“再扣”，利用储能弹簧释放的能量实现合闸。

5. 保护元件

万能式自动空气断路器通常设有过电流脱扣器、失压脱扣器及分励脱扣器，通过它对自由脱扣机构的作用来实现对主电路的短路、过载、失压、欠压等保护及遥控分励操作。脱扣器原理示意图如图 4-4 所示。

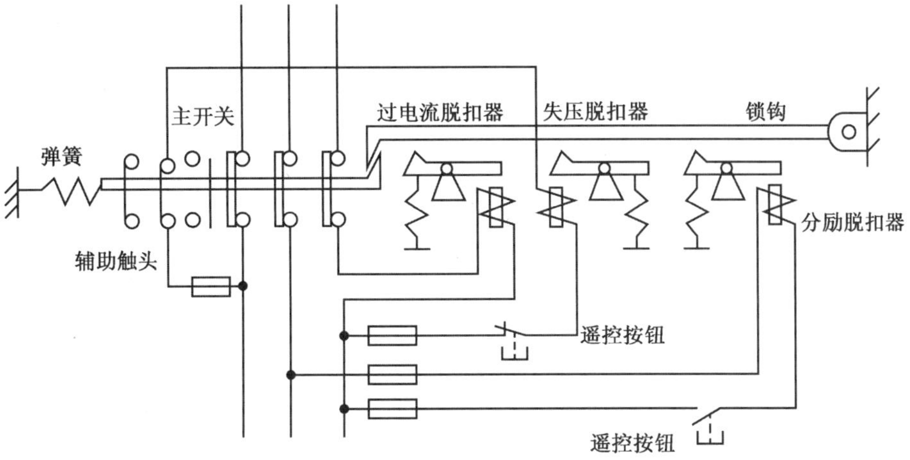

图 4-4 脱扣器原理示意图

过电流脱扣器一般有电磁式和半导体式，它用作发电机的短路和过载保护，一般具有反时限延时动作、定时限动作和瞬时动作三种动作特性。当短路故障和过载现象发生时，瞬时或经短延时或经长延时后接通电磁铁使过电流脱扣器瞬时动作，开关自动跳闸。延时元件通常采用钟表机构或利用 RC 充放电回路等实现。如 DW-94 型延时采用钟表和齿轮摆式时间继电器完成，而 DW-95、DW-98 型则采用电容充放电延时。

欠压脱扣器一般由一个瞬时动作的电压继电器组成，当线路电压低于某一整定值时，由于电磁吸力不足，继电器释放，通过自由脱扣机构使开关自动跳闸。为避免电网电压瞬时波动产生误动作，可采用延时，延时时间一般为 1~3 s。

分励脱扣器主要用于远距离控制自动开关的断开，当按下按钮时，继电器吸合，通过自由脱扣机构将自动开关断开。

二、装置式自动空气断路器

装置式自动空气断路器（也称装置式自动空气开关）在船舶配电装置中多用作各分路负载的通断和保护电器。如图 4-5 所示为 DZ5 型装置式空气开关实物图。其主要组成部分包括：

（1）外壳：为胶木方盒。

（2）触头系统：由动、静触头组成主触头，它由银钨合金制成，能保证通过大电流时不熔焊，并且有良好的耐磨性。

（3）灭弧装置：由金属片组成灭弧栅。

（4）操作机构：操纵手柄用以控制开关的通断。操作是靠储能弹簧瞬时动作，而与手柄的操作速度无关。

(5)脱扣器:有电磁脱扣器、热脱扣器和复式脱扣器三种。

图 4-5　DZ5 型装置式空气开关实物图

电磁脱扣器用作短路保护,热脱扣器用作过载保护,复式脱扣器兼有上述两种作用。电磁脱扣器是一个电磁式的过电流继电器,它的吸引线圈串接在主电路中,当线圈中的电流达到整定动作值时,线圈吸合衔铁,使操作机构瞬时动作,触头断开,切断电路。热脱扣器的发热元件串接在主电路中,当电路过载时,通过脱扣装置使操作机构动作,触头断开,电路断电,实现过载保护,热脱扣器具有反时限保护特性。

第四节　船舶电网的组成、分类及线制

在船上,传输电能和各种电信号是通过遍布全船的电缆和电线来实现的。我们把这些电缆和电线构成的整个传输线路称为船舶电网,它是连接电源和负载的桥梁。下面主要介绍船舶电网的组成、分类、线制等。

一、船舶电网的组成、分类

1. 船舶电网的组成

船舶用电设备根据不同的要求可以由主配电板直接供电或由分配电板间接供电。通常把从主配电板到直接供电负载或分配电板之间的电网称为一次网络,而把由分配电板到负载之间的电网称为二次网络。

2. 船舶电网的分类

根据供电电源的不同,船舶电网可分为以下几种:

(1)主电网

由主电源经主配电板进行供电的那部分电网称为主电网。它包括动力网络和正常照明网络。动力网络向全船动力负载(如电动机等)及大功率电热设备等供电,它是船舶的主要供电网络。正常照明网络由照明变压器经主配电板中照明负载屏向全船的正常照明包括航行灯、小功率电机等供电。

(2)动力配电网

动力配电网主要指供电给三相异步电动机负载的电网,也包括供电给 380 V 三相电热负载的电网。该网输送的电能约占全船总电能的 70%。

(3)正常照明配电网

该电网是照明变压器副边起,经主配电板中的照明负载屏馈电给各照明分配电板或分电箱,再由各分配电板供电给全船所有舱室及甲板的照明灯具。对机舱中的照明网络应交叉布置,并至少有两个独立的馈电路径,以保证当一个线路有故障时机舱仍有 50% 的照明负载正常工作;甲板等外部照明电网应能在驾驶台集中控制通断。

(4)应急电网

该电网是从应急发电机经配电板到应急用电设备的网络。当主电源失电时,应急电源自动启动并通过应急电网供电给应急用电设备。在主电源正常工作时,应急负载可由主配电板经联络开关供电给应急配电板再经应急电网供电。

(5)小应急电网

小应急电网是由 24 V 蓄电池提供的直流电馈电给小应急照明以及主机操纵台、主配电板前后、锅炉仪表、应急通道出入口、艇甲板等处的照明,还有助航设备等。蓄电池的容量应满足小应急电网用户使用 30 min。

(6)弱电电网

弱电电网是向全船无线电通信设备、各种助航设备、船内通信设备(如电话、广播等)以及信号报警系统供电的网络。

二、船舶电网的线制

对于船舶三相交流电力系统,其线制一般分为以下三种,如图 4-6 所示。

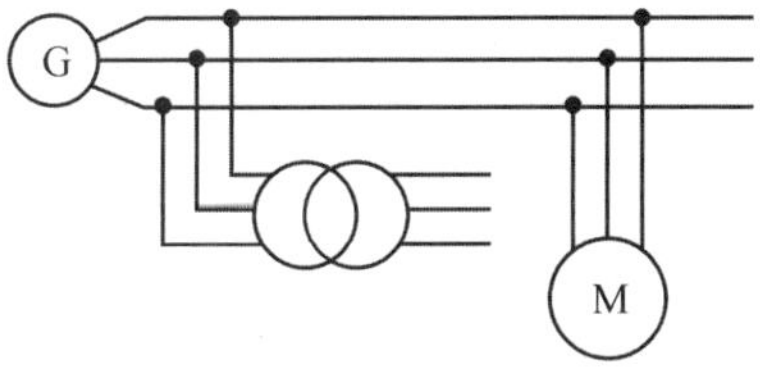

(a)三相绝缘电力系统

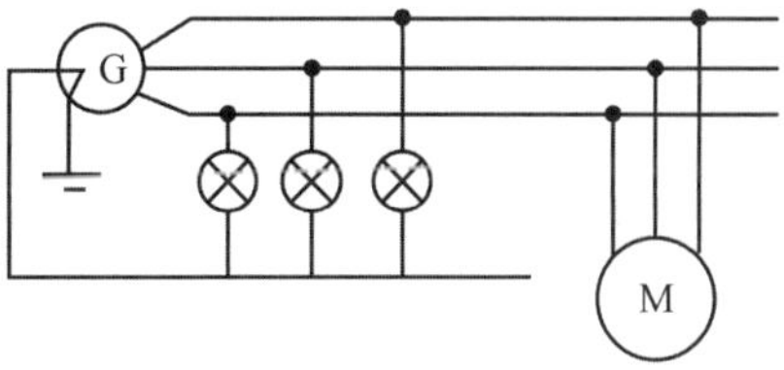

(b)中性点接地的三相四线制系统

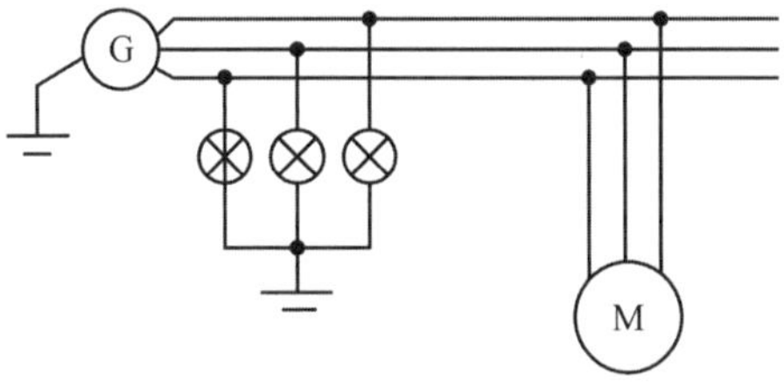

(c)中性点接地的三线系统

图 4-6 三相交流电力系统线制

1. 三相绝缘电力系统

三相绝缘电力系统中，由于动力系统与照明系统采用变压器隔离，两者之间没有电的直接联系，因此，即使照明系统的绝缘电阻降低也不会影响动力系统，且当系统发生单相接地时，不会影响三相电压之间的对称关系，系统仍可短时工作。因此绝缘性能相对较好，安全可靠，被大多船舶采用。

2. 中性点接地的三相四线制系统

对中性点接地的三相四线制系统，其特点是照明和动力系统由同一电源供电，无须采用变压器，发生单相接地时会造成短路，从而使故障立即被保护装置断开，故障寻找容易。但这种线制动力系统和照明系统直接接在一起相互影响大，而且照明系统单相接地故障多，容易造成停电而使供电可靠性降低，安全性差。

3. 中性点接地的三线系统

这种线制利用船体作为中线形成回路，虽然节省电缆，但容易发生触电和短路故障，一般船舶不采用此种线制。

第五节 船舶电网的保护(二类轮机长)

船舶电网故障主要有：过载、短路、接岸电时的逆序及断相、电网绝缘性能降低和单相接地。

船舶电网的保护是指系统出现过载或短路时对电缆的保护；在交流电网中，若接有岸电，尚需对岸电进行相序保护和断相保护并对电网绝缘进行监视及单相接地故障的排查处理。此处仅分析电网的短路和过载保护。

一、船舶电网的短路保护

船舶电网的短路保护就是当电网发生短路时，能自动将短路故障切除，从而保证电网不受破坏。

为避免船舶电网在出现短路故障时造成不必要的大范围停电，对短路保护装置最主要的是必须具有较好的选择性，即：为保证与没有故障电网连接的设备能继续正常工作。当短路故障发生时，仅允许切除有故障的电路，除非短路保护装置失灵，否则其前一级保护装置不应抢先动作。为此，就应合理地整定各级自动开关或保护装置的动作值。

1. 动作值的整定原则

通常动作值有两种整定原则：

（1）按照时间原则：以各级保护装置的动作时间整定值的不同来实现选择性，整定的原则是各级开关或保护装置的整定值朝发电机的方向逐级增大。

（2）按照电流原则：以各级电流的整定值的不同来实现选择性，动作电流的整定值也应保证自负载向发电机的方向逐渐递增。

2. 保护装置

通常采用的保护装置有万能式自动空气断路器、装置式自动空气断路器和熔断器(保险丝)等。万能式自动空气断路器具有非常可靠的按时间原则的保护选择性,动作时间可以调节,但由于其重量大、价格昂贵,因此,一般用作发电机的主开关,不便随意大量使用。

对于装有电磁脱扣器的装置式自动空气断路器,具有按电流原则进行选择保护的功能,在正常的情况下可作开关用,而在电路出现短路时,又可起到保护装置的作用。与万能式自动空气断路器相比,其重量轻、价格便宜,因此,其常作为馈电开关大量用于配电板或应急配电板。使用中,若自动跳闸,再合闸时,应先向下扳,再向上推以实现合闸。

熔断器(保险丝)价格低廉、简单、方便,具有反时限的熔断特性,所以它兼有按时间原则和按电流原则保护的选择性,但其误差较大,一般用于电网末级的短路保护。

实际线路中,从发电机至万能式自动空气断路器这段电路较短,发生故障的可能性不大,因此可不设短路保护。主配电板至用电设备部分电路可以与用电设备共用一套保护装置,装在出线端。主配电板至分配电板(箱)可采用装置式自动空气断路器或熔断器。

通常为了确保短路保护具有较好的选择性,在主配电板的汇流排至各电动机之间的保护级数不宜超过 4 级,至照明电路之间的保护级数不宜超过 5 级。

二、船舶电网的过载保护

船舶电网多为单侧电源、辐射形线路,导线选择时一般要与用电设备和发电机的容量相匹配。

自发电机至主配电板的那部分电网因为所用电缆的截面积是根据发电机的额定电流选择的,一般情况下,它承受电流的能力比发电机大,所以可与发电机共用一套保护装置。自主配电板至负载的电路,其导线的截面积是根据用电设备选择的。因此,电路的过载即是用电设备的过载,可由用电设备的过载保护装置来实现保护。主配电板与分配电板之间的电缆是根据与分配电板相连的所有用电设备的总电流确定的,除非该部分电网的所有用电设备都同时过载;否则,电缆是不太可能过载的,因此,一般也不需要考虑过载的问题。但是,为进一步提高电网的可靠性,主配电板与分配电板之间可由装置式自动空气断路器作为过载保护装置。

综上所述,船舶电网一般不单独设置过载保护装置,但这并不是说电网不过载,而是电网过载时由电网上其他设备的保护装置实现保护。需要说明的是,对于舵机供电线路,不论舵机本身还是线路均不设过载保护装置。

第六节 船舶电网的绝缘监测(二类轮机长)

一、单相接地

前已述及,船舶电网通常采用中性点绝缘的三相三线制,虽然单相接地并未破坏三相电压的对称，短时间内不会出现问题，电网上的用电设备也能够正常工作，但此时一方面其他两相对地的电压已上升至线电压，这就提高了人触电的电压等级，影响人身安全；另一方面，若再有一相接地则会造成两相短路的故障，因而具有潜在的危险性，必须经常进行监测。通常，船舶电网是否单相接地可以采用绝缘指示灯（又称为地气灯）来监测，其接线图如图 4-7（a）所示。由于三个灯泡采用星形连接，每只灯泡两端的电压为相电压，因此正常时，三个指示灯亮，且亮度相同。如果电网中的某一相出现接地（如 A 相），则与该相相连的指示灯（L_1）两端的电压为零，指示灯 L_1 熄灭，而与其他两相相连的指示灯 L_2、L_3 两端的电压变为线电压，灯泡的亮度加强。因此，值班人员可以根据三个指示灯的亮度情况判断船舶电网是否单相接地，当出现接地故障时，应及时查找故障原因，找出故障点，并予以排除。如图 4-7（b）为绝缘指示灯电路图。

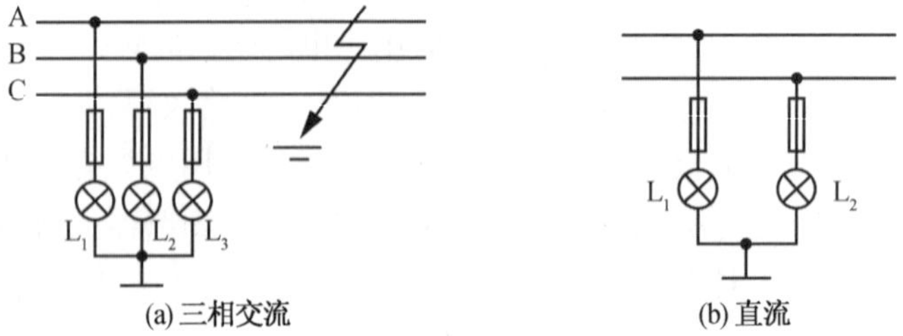

图 4-7 绝缘指示灯电路图

二、船舶电网的绝缘监测方法

船舶电网绝缘监测常用配电板式兆欧表，安装在主配电板上，它能在线随时监测船舶电网的绝缘电阻，配电板式兆欧表接线原理图如图 4-8 所示。

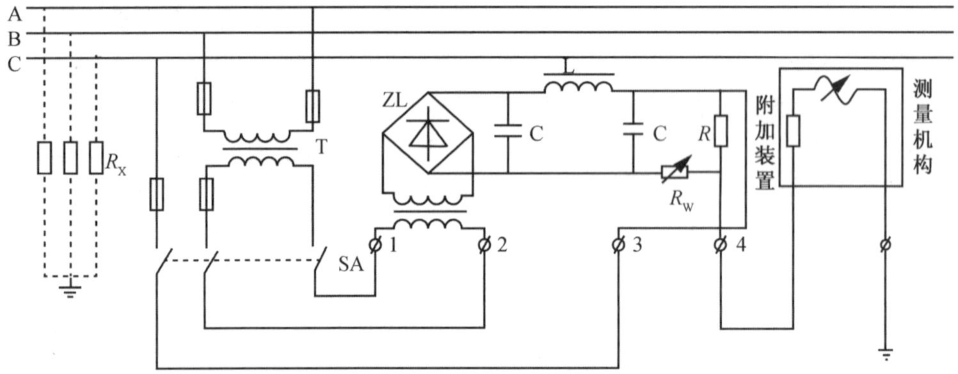

图 4-8 配电板式兆欧表接线原理图

配电板式兆欧表能及时指示电网对地的绝缘状况。兆欧表包括两个部分：测量机构（表头）和附加装置（整流电源）。当把附加装置中的整流电源等效为内阻忽略，在监测各相绝缘电阻时，当电网某相绝缘电阻下降，漏电流将增大，漏电流经电源正极接线柱 3→电网→电网对地绝缘电阻 R_X→测量机构→接线柱 B（电源负极）构成回路，漏电流越大，测量机构指针偏转越大，说明绝缘电阻越小。如有一相接地，表头指针偏转最大，绝缘电阻指示值为零。测量表头可以直接读出电网的绝缘电阻值，配电板式兆欧表配合转换开关分别可以测量动力电网和照明电网的绝缘电阻值。R_W 电阻用于表头的零位调整。

根据中国船级社《钢质内河船舶建造规范》要求，船舶电网的绝缘电阻应该不低于 1 MΩ。

第七节 配电板主开关跳闸的原因及应急处理(二类轮机长)

一、引起配电板主开关跳闸的原因

1. 发电机本身发生故障

(1)发电机原动机损坏，如原动机调速器失灵、气缸体过热等。

(2)发电机定子绕组烧毁，或断路。

(3)励磁系统损坏。

(4)电缆接线盒绝缘损坏。

2. 由于操作不当而引起的故障

(1)合闸操作不当。

(2)发电机负荷控制不均衡。

(3)由于观测错误而引起的不当操作。

3. 恶劣环境条件的影响而引起的故障

通常是由于恶劣环境条件致使设备的电气绝缘性能降低而引起的各种故障。

4. 意外发生的各种事故

常见的有突然短路、断路等。

5. 发电机的运行参数失调故障

发电机的运行参数超过允许值，可能会损坏发电机组或用电设备，需要采取保护措施以避免事故发生。例如，过电流、过载、短路、逆功率、欠电压、过电压、低频率及高频率等都将危及发电机组和用电设备的安全。

二、配电板主开关跳闸的应急处理

1. 对于具有自动电站管理系统电网失电后的处理

(1)除因短路保护导致发电机主开关跳闸断电外，对于其他各种机、电故障致主开关跳闸，自动电站管理系统均能自动处理，不需要值班轮机人员干涉，值班人员仅需按照报警指示故障进行相应检查、排除、处理即可。

(2)若电网突然失电，除警报声外所有设备均停止运行，此时值班人员切忌启动机组合闸供电，首先，应查看报警指示，警报必指示发电机短路，控制系统自动切换至非自动状态，应答后至主配电板后面仔细检查汇流排是否发生短路，找到短路点排除后或确定主配电板没有发生短路（船舶电网短路保护的选择性整定不当）才可按复位按钮，系统即恢复至自动状态，同时解除阻塞，此时值班人员遥控启动值班发电机组投入电网运行即可。

2. 发电机主开关跳闸（常规电站并车操作时发生电网跳电）的应急处理

并车操作时发生电网失电，首先，查看原运行机组与待并机组的机、电状况（通过电压表、频率表读数观察），若参数正常，则说明是由于并车操作不当，发电机主开关不是过流保护跳闸就是逆功率跳闸，复位过流继电器、复位逆功率继电器（视具体发电机控制屏而定，有些不需要），一切正常时合上其中任一台机组的主开关，然后，按重要性逐级启动各类负荷，待发电机组带上相当负荷时，再将另一台机组按并车条件进行并车操作。

一般不可能是两机组都出现机、电故障使电网失电，如果是，则将参数正常的机组合闸或必要时启动备用机组投入运行。注意事项：

（1）避免在负载剧烈变化时并车，或者在并车时断开剧烈变化的负载，等并车完毕后再接通。

（2）避免空载或轻载并车。

（3）并车操作正确，并车后及时转移负荷且正确。

3. 发电机主开关跳闸（常规电站运行机组因机械故障跳电）的应急处理

首先，应答警报、消声，警报或指示滑油失压或燃油供给故障（如调速器失灵，断燃油）或指示超速等机械故障（可从听发电机组声音及频率表读数判断）；其次，立即启动备用机组，待频率、电压正常后即可合闸供电；再次，按功率大小及重要性逐级启动各类负荷；最后，检修故障机组，排除故障使其处于备用状态。

4. 发电机主开关跳闸（常规电站单机运行时跳电）的应急处理

发电机单机运行主开关跳闸使电网失电时，先应答警报、消声、复位有关开关（按钮），观察发电机电压、频率：

（1）电压、频率正常时，可将该机组试合闸。

①若合闸成功，则说明系统无故障，之前的跳闸是运行机组主开关误动作跳闸或因船舶电网选择性保护不良而跳闸电网失电，或是启动大负荷或几乎同时启动几个较大负荷时（如用船上起货机进行装卸货作业）导致发电机过流跳闸电网失电。主开关合闸后，再按重要性逐级启动各类负荷投入运行，观察发电机负载程度，必要时启动备用发电机组，待一切正常后，按并车操作要求进行并车投入电网并联运行，最后再启动大负荷投入运行。

②若不能合闸，则应立即启动备用机组，待参数正常后合闸恢复供电，若成功，则说明原机组主开关有故障，检查并排除故障；若还不能合闸，则说明可能是短路保护跳闸，则应检查主配电板汇流排是否短路，排除短路故障后再将任一台机组合闸供电。

（2）电压、频率不正常时，则应立即启动备用机组，待参数正常后合闸恢复供电，再检查原机组机、电系统，排除故障，让其处于备用状态。

5. 发电机主开关跳闸（常规电站运行机组因发电机短路或失压保护跳电）的应急处理

运行机组因发电机短路或失压保护跳闸电网失电，常规电站大多无此报警功能，若机组仍在运行但电压很低或没有电压，说明是失压保护跳闸，则应将这台机组停机，然后启动备用机组投入电网运行，最后再检查故障机组的发电机调压器；若机组仍在运行且电压正常，可进行试合闸，若不成功说明可能是短路保护跳闸，则应检查主配电板汇流排是否短路，排除短路故障后或确信主配电板没有发生短路故障时即可合闸供电。

6. 运行机组主开关误动作跳闸或因船舶电网选择性保护不良发生电网跳电

因无此报警功能，按上述短路保护处理方案检查，确信配电板没有发生短路后才可合闸供电。

7. 燃油供给故障（如调速器失灵、断燃油等）发生电网跳电

基本上均没有这类监测报警点，主开关仍系失压保护跳闸，伴随着转速下降而跳闸停机，检查系统燃油供给系统，确信系统无故障后启动备用发电机组投入电网运行，然后检修故障机组的调速器及燃油供给系统。

第八节 实操训练（二类轮机长）

实训一：同步发电机正常运行时空气开关不能合闸的故障排除

一、任务要求

1. 弄清船舶电力系统故障类型、发电机故障类型、电网故障类型。
2. 弄清《内河船舶入级规则》对发电机故障保护的要求。
3. 理解发电机故障（外部短路、过载、欠压）保护电器原理。
4. 熟悉保护参数整定原则及方法，并能对参数进行调整操作。
5. 弄清自动分级卸载（优先脱扣）与过载保护跳闸的协调整定方法。
6. 理解船舶电网短路选择性保护原理。

二、任务准备

1. 船舶电力系统故障案例。
2. 发电机主开关（或参数调整旋钮面板图片）。
3. GG-21 逆功率继电器 8 个。
4. 短路及过载保护参数调整电路（含分级卸载、主开关）2 套，或用模拟电站系统软件完成。
5. 学生上网查找故障案例及《内河船舶入级规则》相关继电保护条款。

三、任务实施

1. 通过观看、交流（学生自己查找）案例，学习船舶电力系统故障类型、发电机故障类型、电网故障类型。
2. 学生通过交流、讨论（利用所查资料）学习《内河船舶入级规则》对发电机保护的要求。

3. 分析自动分级卸载装置原理。

4. 分析逆功率继电器进行逆功率测量、保护原理。

5. 进行短路及过载保护参数的调整试验（以 DW-95 型为例）：

（1）操作规范。

（2）调试结果正确。

6. 进行欠压保护参数调整试验：

（1）操作规范。

（2）调试结果正确。

7. 若发电机主开关各项保护参数复核正确还不能合闸，则需要排除电网电路的短路、欠压、过载、逆功率故障。

8. 操作指导：

（1）发电机外部短路的故障判断

这里指的是按规范要求对发电机外部短路保护，即发电机电流大于等于 200%I_N时主开关跳闸这一故障的判别。

①对于具有自动电站管理系统的电站：当发生发电机主开关跳闸主电网失电故障，除报警外机舱没有其他任何反应，且报警指示的是短路故障时，说明这时发生了发电机外部短路故障。

②对于常规电站：当发生发电机主开关跳闸，这一跳闸不是发生在同时启动几台大负荷时；不是出现在利用船上起货机进行装卸货作业时；不是出现在先出现转速下降后发生主开关跳闸时；也不是出现在先发生电压下降后再跳闸时（从照明灯的亮度可判断）。这时一般可断定发生了发电机外部短路故障，但也不排除有关人员的操作失误（如并车操作不当）使发电机电流达短路保护整定值，或也有可能是由于主开关本身故障引起跳闸。

（2）发电机过载保护的故障判断

发电机过载致主开关跳闸，一般是发生在发电机单机运行在较大负荷下，在不查看发电机实际功率时启动大负荷运行，如启动空压机、压载泵等致发电机过载而跳闸；也可能发生在并联运行时，其中一台机组因机、电故障立即保护跳闸，而分级卸载装置失灵或卸载后仍过载致运行机组出现过载而发生保护跳闸等场合。

（3）发电机欠电压保护的故障判断

发电机欠电压保护跳闸主要发生在调速器及燃油系统或调压器出现故障的场合。调速器及燃油系统故障导致欠电压保护的判断依据是先出现转速下降（这可从柴油机声音听到）后发生跳闸，调压器故障导致欠电压保护的可先出现电压下降（这可从照明灯的亮度变化看出）后发生跳闸。

（4）发电机逆功率保护的故障判断

发电机逆功率保护跳闸主要发生在并车操作合闸时刻掌握不当会导致待并机组主开关合上后跳闸，或并联运行时负荷分配操作调节方向反了，或并联时其中一台柴油机调速器损坏或燃油中断等场合会发生逆功率保护跳闸。

实训二:航行中主开关跳闸情况的应急处理及各种跳闸的故障排除

一、任务要求

1. 了解船舶电力系统故障原因。
2. 根据主开关跳闸时状况判断跳闸原因,并做对应处理。
3. 进行全船失电的应急处理模拟训练。

二、任务准备

1. 模拟电站一套。
2. 具有模拟电站仿真系统的训练电脑40台(套)。

三、任务实施

1. 学生以小组讨论方式分析船舶电力系统故障原因。
2. 根据主开关跳闸时状况判断跳闸原因,分析其中原理,并做对应处理或建议。
3. 利用模拟电站系统,对不同电站类型(常规或自动)、不同故障性质造成全船失电进行应急处理的训练。

(1)发电机过载故障的判断,查找设置的故障并排除。

(2)发电机欠压故障的判断,查找设置的故障并排除。

(3)发电机主开关跳闸(自动化电站停电事故)的应急处理。

①能根据报警信息做出相应的处理。

②短路故障时的正确处理。

(4)发电机主开关跳闸(常规电站并车操作时发生电网跳电)的应急处理。

①先合上一台机组的主开关。

②如有负载波动较大的设备,则先切除。

③重新整步并车时合闸时机把握恰当。

④操作准确、熟练。

(5)发电机主开关跳闸(常规电站运行机组因机械故障跳电)的应急处理。

①根据报警指示及观察判断确切原因。

②处理步骤合理。

(6)发电机主开关跳闸(常规电站单机运行时跳闸电网失电)的应急处理。

①判断故障原因。

②根据故障原因做相应的处理。

③恢复供电路径正确。

(7)发电机主开关跳闸(常规电站运行机组因发电机短路或失压保护跳闸电网失电)的应急处理。

①短路故障的判断及正确处理。

②失压故障的判断及正确处理。

第五章
电站操作与管理

第一节 同步发电机的保护及保护装置（二类轮机长）

发电机是船上的重要设备，发电机的工作状态直接关系着船舶的安全航行。因此，针对发电机电路系统中的短路、过载、欠压、逆功率等不正常运行现象，必须对发电机采取相应的保护措施，从而提高发电机的可靠性和稳定性。

发电机继电保护装置要求保护发电机具有可靠性、选择性、快速性和灵敏性，同时要尽可能地保证电网不断电。继电保护的可靠性是指保护装置本身必须工作可靠，对它保护范围之内的故障，不应拒绝动作，对正常运行和不属于它保护的范围故障，不应误动作。选择性是指当其发生故障时，继电保护装置能把故障元件切除。快速性和灵敏性分别指保护装置的动作时间长短和对故障的反应能力。

一、外部短路保护

外部短路：发电机不同相线间或相线和零线间短路从而导致输出电流大大超过了其额定工作电流。

造成外部短路的原因：维护保养不到位、检修不良；绝缘老化或遭受机械损伤、误操作；停电检查时，导电物遗落在裸体导体上及其他原因（老鼠触电）等造成的。

外部短路保护一般设置有短路延时和短路瞬间保护动作：短路延时保护动作主要用于距离发电机较远处的短路保护，动作电流整定为3~5倍的发电机额定电流，保护装置延时0.2~0.6 s动作；短路瞬时保护动作主要用于离发电机较近处的短路保护，动作电流整定为5~10

倍的发电机额定电流。外部短路保护装置主要是由万能式自动空气断路器的过电流脱扣器承担。常用的万能式自动空气断路器实物图如图 5-1 所示。

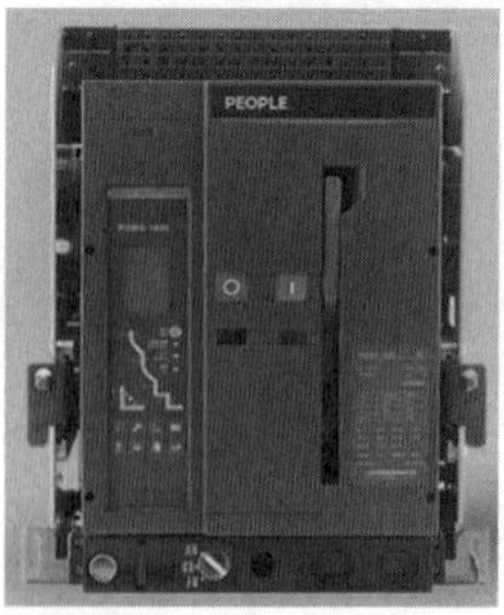

图 5-1 万能式自动空气断路器实物图

二、过载保护

发电机过载：发电机容量不能满足负载的需要或当并联运行的发电机组负载分配不均匀时，会导致发电机过载，常见的过载形式为电流和功率过载。

造成发电机过载的原因：负荷增加超出发电机容量、发电机并联运行时负荷分配不均。

发电机过载现象会导致发电机发热、绝缘寿命下降、跳闸断电。发电机过载保护的原则是：首先，应保证发电机不受损坏；其次，应避开短暂的过载，尽量不中断供电。例如，大容量电动机启动或多台电动机同时启动时不应导致跳闸，另外，发电机也允许暂时过载，因此过载保护应具有一定的时限。对于发电机过载保护，中国船级社《钢质内河船舶入级规范》规定：

对无自动分级卸载装置的发电机，当过载达 125%~135%额定电流时，保护装置延时 15~30 s 动作，使发电机自动跳闸。对有自动分级卸载装置的发电机，当过载达 150%额定电流时，保护装置延时 10~20 s 动作，使发电机自动跳闸。

船舶同步发电机过载保护由万能式自动空气断路器中的过电流脱扣器和自动分级卸载装置进行保护。

三、欠压保护

发电机欠压或失压：发电机由于内部或者外部原因导致端电压远远低于额定电压或者无电压现象。

造成同步发电机欠压或失压的原因：单机供电、励磁绕组励磁电流、电压过小或没有产生励磁效果、远端短路。

欠压和失压将会导致发电机发热、发电机电流增加、转矩下降、照明变暗，严重时将导致电压崩溃。当有大电机启动或负载突增时，也可能导致电网电压跌落，此时电压保护不应动作。可以通过整定启动电压值或动作时限避免此类欠压情况。

由于某种原因，如自动励磁调压装置出现故障使发电机的电压降低时，将导致负载不能正常工作，使电动机过流甚至发生堵转，这对发电机和电动机都是不利的。因此，欠压保护就是在电网电压低时，保证发电机从电网上自动断开或合不上闸，以实现对发电机和电动机的保护。

对于船舶发电机的欠压保护，中国船级社《钢质内河船舶入级规范》规定：对带有延时的发电机欠压保护，当发电机电压低于额定电压的70%~80%时，延时1.5~3 s动作跳闸。对不带延时的发电机欠压保护，当发电机电压低于额定电压的40%~75%时，瞬时动作跳闸。

船舶同步发电机的欠压保护是由万能式自动空气断路器中的失压脱扣器或自动分级卸载装置中的欠压保护装置来承担的。

四、逆功率保护

发电机逆功率：同步发电机不是发出有功功率，而是从电网吸收功率，即由同步发电机工作状态变成同步电动机工作状态。因此，逆功率仅发生在两台及以上的发电机并联工作中。

逆功率原因：当多台同步发电机并联运行时，其中一台发电机的原动机工作失常会导致逆功率；另外，并车操作不正确时也会导致逆功率发生。

逆功率容易导致发电机的原动机损坏，可能导致并联运行的发电机出现过载状态，以至于引起过载跳闸，导致全船断电。

当发电机出现逆功率时，应由保护装置将处于逆功率运行的发电机从电网上切除，实现逆功率保护。考虑到发电机可能出现允许范围内的短时逆功率（如在并车操作时可能因操作不当等原因引起），因此对逆功率保护并不要求一出现逆功率就跳闸，其动作值一般整定在5%~15%额定功率，延时1~10 s动作。

船舶同步发电机的逆功率保护是由逆功率继电器来承担的。

第二节 同步发电机的典型故障与处理（二类轮机长）

目前船舶采用的同步发电机有两种形式：有刷同步发电机和无刷同步发电机。对有刷发电机而言，常见的故障有定子绕组相间短路、匝间短路、绕组断路和转子励磁线圈断路、转子励磁线圈短路、电刷接触不良、电刷磨损过度等故障。对于一般短路和匝间短路故障，可将同步发电机拆卸检修后，上述故障可直接观察。另外，同步发电机过热和轴承过热故障也是常见的故障，如表5-1所示为同步发电机过热和轴承过热故障原因与排除方法。

表5-1 同步发电机过热和轴承过热故障原因与排除方法

故障现象	故障原因	排除方法
发电机过热	1. 长期过载； 2. 励磁绕组或定子绕组短路； 3. 三相负载不平衡； 4. 定子、转子相摩擦	1. 观察发电机输出电流及功率，并将其控制在额定值以下； 2. 检查电机定子、转子绕组，修理或换新发电机； 3. 检查是否有单相大功率负载或电动机单相运转； 4. 检查发电机轴承和转轴、转子铁芯是否松动

（续表）

故障现象	故障原因	排除方法
轴承过热	1. 轴承磨损严重； 2. 润滑油（脂）太多、太少或变质； 3. 电机端盖或轴承装配不当； 4. 发电机组装配不良； 5. 转轴弯曲	1. 更换轴承； 2. 检查并处理，润滑油量不得超过轴承室空间的 2/3； 3. 重新安装； 4. 重新找正安装； 5. 校正转轴

对于无刷同步发电机，一般故障有旋转整流子击穿或断路、转枢式绕组励磁线圈的短路、断路故障。如果励磁电流为额定值，而发电机电压不是额定值，说明故障在于发电机。如果励磁电流不正常，则故障在于励磁调压系统。

一、发电机及励磁系统常见故障及处理

1. 不可控相复励调压系统常见故障原因与排除方法

不可控相复励调压系统的常见故障可以归纳为：发电机转速为额定转速时不能建立电压，发电机的端电压低于额定电压，发电机的端电压高于额定电压，发电机在运行中突然不发电，当负载增加时发电机电压大幅下降等。相应的故障原因及排除方法如表 5-2～表 5-6 所示。

表 5-2　发电机电压不能正常建立的故障原因与排除方法

故障原因	排除方法
1. 无剩磁或剩磁不够	1. 用外电源（直流）进行充磁起压
2. 励磁绕组开路	2. 检查励磁绕组是否开路；检查从整流器至励磁绕组是否有松脱或断线
3. 发电机集电环锈蚀或发黑不导电	3. 用细砂纸打磨集电环表面
4. 电刷卡在刷握中或刷辫断开	4. 检查修理电刷、刷握及刷辫
5. 线性电抗器无气隙或气隙太小	5. 调整气隙到适当大小
6. 调压器整流元件被击穿或断路	6. 检查、更换击穿的整流元件
7. 接线错误	7. 检查接线，更正接错的地方
8. 发电机剩余电压与整流器输出电压极性相反	8. 调换励磁绕组的连接
9. 电抗器、谐振电容器和相复励变压器之间的连线断开	9. 检查连线，重新接好
10. 谐振电容器短路	10. 更换电容器

表 5-3 发电机电压低于额定值的故障原因与排除方法

故障原因	排除方法
1. 移相电抗器气隙太小	1. 调整增大气隙
2. 电抗器、整流器及相复励变压器有一相开路	2. 检查三者之间接线是否有松动或断线，查出后接好紧固
3. 整定电阻太小	3. 调大整定电阻
4. 转速太低	4. 提高转速到额定值，并校核频率
5. 发电机励磁绕组有断路	5. 检查励磁绕组、修复或换新

表 5-4 发电机电压高于额定值的故障原因与排除方法

故障原因	排除方法
1. 移相电抗器气隙过大	1. 按需要调小气隙
2. 整定电阻的滑动触头烧坏、锈蚀、接触不良或电阻烧断	2. 检查、修复或更新电阻
3. 电抗器、相复励变压器抽头变动	3. 按需要重新调整
4. 电压表有误差	4. 矫正电压表

表 5-5 发电机在运行过程中突然不发电的故障原因与排除方法

故障原因	排除方法
1. 整流器击穿	1. 检查并更换已击穿的整流元件
2. 励磁绕组回路无励磁电流	2. 检查从整流器至励磁绕组的连线是否松动或断线
3. 电抗器铁芯松动，以致气隙减小	3. 将气隙调到所要求的数值，并紧固铁芯
4. 电抗器或相复励变压器线圈短路	4. 检查、修理或更换新线圈
5. 谐振电容器被击穿	5. 更换已击穿的电容

表 5-6 负载增加，发电机电压大幅度下降的故障原因与排除方法

故障原因	排除方法
1. 移相电抗器、整流器、相复励变压器有一相开路	1. 检查三者之间连线是否断开
2. 整流器中有开路	2. 检查整流器及其连线，使其接通
3. 相复励变压器的电流绕组和电压绕组极性不一致	3. 调换电流绕组或电压绕组，使两者的极性一致
4. 原动机的调速器性能不良	4. 检修调速器
5. 定子铁芯有位移	5. 将铁芯调回原位并固定

二、可控硅励磁调压系统的常见故障原因与处理方法

对于可控硅励磁调压系统，发生故障时，首先检查晶闸管电路是否正常，其次检查触发电路是否正常。可控硅励磁调压系统常见的故障可以归纳为：发电机转速为额定转速但不能建立电压；发电机在运行中突然失电；当负载增加时发电机电压大幅度下降等。

1. 发电机转速为额定转速，但不能建立电压

发生这种故障，首先按下充磁按钮，若能起压到额定值，说明发电机无剩磁或剩磁能量不足。若充磁后仍不能建立电压，可能充磁回路失效，或发电机本身故障导致不能建立电压或整流桥的整流元件击穿。应首先检查充磁回路的可控硅和整流二极管是否有击穿使整流回路短路而无法充磁和起压，然后检查发电机励磁回路是否有开路、电刷是否卡住在刷握上、刷辫是否断开、电刷与滑环接触是否不良。

处理方法是修复故障元件、清洗滑环、紧固各紧固点。

2. 发电机端电压低于额定电压

发生这种故障时，调节电压调节电位器看发电机端电压是否有变化，是否能调到额定电压。若能调到额定电压，则说明电压调节电位器的设定不合适。若有变化，但不能调到额定电压，说明电压调节电位器的电阻参数有问题（可调电阻范围过小），更换电压调节电位器，增大调节电阻范围。

3. 发电机端电压高于额定电压

检查这种故障的主要方法是：调节电压调节电位器的电阻值，观察发电机端电压是否能回到额定电压。若能调到额定电压，则说明电压调节电位器的设定不合适；若有变化，但不能调到额定电压，则说明电压调节电位器的电阻参数有问题，可更换此电位器。

4. 发电机在运行中，突然不能建立电压

发生这种故障时，先进行充磁建立电压。若不能建立电压，说明发电机本身励磁线圈有开路故障，应按“发电机转速为额定转速，但不能建立电压”的检查方法进行处理；若能建立电压，说明大多是整流主电路的可控硅击穿造成，或者触发器停止工作。这时，首先，检查整流主电路的可控硅是否击穿；然后，检查触发电路工作电源是否有输出，各个元器件是否正常。

5. 当负载增加时，发电机电压大幅度下降

发生这种故障，说明发电机在空载或轻载时，励磁电流的调节环节能够维持端电压在额定值，负载增加时，励磁电流无法补偿电枢反应的影响，造成端电压下降。主要可能原因是：整流主回路桥式全波变为半波（即有一个整流元件开路），或触发器只有半边工作，另一半波没有输出触发脉冲。此时只需检查可控硅是否存在开路故障，用示波器检查哪一半波没有触发脉冲，检查故障触发器的有关元件和电源。

三、无刷同步发电机励磁系统的常见故障原因与处理方法

三相无刷同步发电机中的主发电机励磁绕组、励磁机电枢绕组及旋转整流装置同轴旋转，静止励磁系统提供直流励磁电流给励磁机定子绕组，在励磁机转子绕组上感应出三相交流电，

再经旋转整流后提供给主发电机励磁绕组，最后在主发电机定子绕组上感应出三相交流电输出。

无刷同步发电机励磁系统常见的故障与处理方法如下：

1. 旋转整流装置故障

旋转整流模块和过压保护模块是旋转整流装置的两个组成部分。旋转整流模块主要作用是把三相交流电经整流给主发电机励磁；过压保护模块是防止过压对旋转整流模块的损伤。

由于制造缺陷或安装接触不良造成发热使旋转整流模块和过压保护模块击穿是比较常见的故障。当旋转整流模块发生故障时，电压下降明显，1 只二极管损坏，电压一般能跌至 200 V 左右。这种故障判断比较简单，用万用表检测即可。

2. 静止励磁系统元器件损坏

由于元器件质量缺陷或整机振动过大等原因，静止励磁系统也会发生元器件损坏、导线接触不良等故障，使励磁系统无法提供足够的直流电流，造成主发电机电压不正常。判断静止励磁系统有无故障时，需检测某一状况下通向励磁机定子（励磁）绕组的电流是否与试验报告或铭牌上标注的标准值一致，若明显小于标准值，则可判定为励磁系统的故障。然后，再根据具体情况进一步分析检测是哪一个元器件损坏或哪条线路导通有问题，以便修理或更换。

发电机处于运行状态，用万用表检测励磁机定子（励磁）绕组的电压，来判断是励磁系统故障还是其他故障；断开旋转整流模块和过压保护模块元器件各接线，用万用表测量线路的通断，查找损坏元器件。对于个别不能检测的软击穿管子，也可以用换掉可疑件的办法来帮助判断。对判断出的元器件损坏，一般均可就地更换。如出现匝间短路，则要送厂家修理。

第三节 船舶蓄电池（二、三类轮机员）

一、蓄电池的作用及工作原理

可以反复充电使用的电池称为蓄电池，它是电能和化学能相互转换的一种储能装置。蓄电池在船舶运行与管理中发挥重要的作用，其主要包括以下用途：

（1）船舶电网断电时短时间提供必要的应急照明；

（2）向各类船舶自动化设备、报警装置提供工作电源或作为备用电源；

（3）向发电机励磁绕组提供充磁直流电源；

（4）向船用电话交换机提供工作电源；

（5）向船舶通信、导航设备提供工作电源；

（6）用作应急发电机启动电源。

根据电极和电解液物质的不同，蓄电池可分为酸性蓄电池和碱性蓄电池两大类。酸性蓄电池由于价格便宜，所以用途较广，目前被大多数船舶采用。

酸性蓄电池主要由容器、极板和隔板等几部分组成，如图 5-2 所示。

容器用来盛装电解液和支撑极板，应具有防止酸液泄漏、耐腐蚀、坚固等特性。

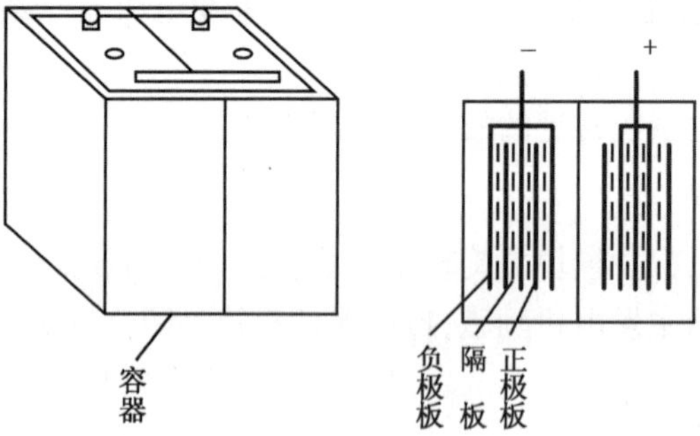

图 5-2 酸性蓄电池的基本结构

极板通常是用铅-锑合金制成的栅格式板，栅格中压入活性物质，正极的活性物质是二氧化铅(PbO_2)，负极的活性物质是海绵状纯铅(Pb)。为增加容量，蓄电池的正极板和负极板均制成许多片，分别并联在一起接成两组，构成蓄电池的正、负极。隔板用橡胶、塑料或木板等绝缘物制成，其作用是使正、负极板相互绝缘。为保证电解液的畅通，同时又不致使极板脱落的活性物质经隔板与相邻隔板相通，隔板上开有大小适中的孔。

酸性蓄电池的电解液为浓度在27%~37%的稀硫酸溶液，相对密度为1.28~1.31。酸性蓄电池是利用铅、二氧化铅和硫酸的化学反应来储存电能和释放电能的，当蓄电池的正、负极板同时插入硫酸溶液时，在正、负极之间产生2 V左右的电动势。若外电路接通则产生放电电流，同时正极板和负极板与硫酸发生化学反应，逐渐变成硫酸铅，当正极板和负极板都变成同样的硫酸铅后，蓄电池便不能再放电了，此时需对蓄电池进行充电，使其恢复原来的PbO_2和Pb。蓄电池的充电和放电是可逆的。

二、船舶蓄电池的充电方法

(1)恒压充电法：充电过程中充电电压始终保持不变。

(2)恒流充电法：充电过程中充电电流始终保持不变。

(3)分段恒流充电法：大多数船舶采用该方法进行蓄电池充电。在充电初期，蓄电池用较大电流充电，当蓄电池发出气泡，电压上升到2.4 V时(酸性蓄电池)，改用第二阶段充电电流充电。这种方法充电方便，充电时间短，电能节约，又可延长蓄电池寿命。

(4)浮充法：蓄电池直接与直流电网并联，电网向其他负载供电也同时向蓄电池充电。当外部负荷减小时，电网电压升高，充电电流增加；反之则减小。由于充电电流是浮动的，因此称为浮动法。

三、酸性蓄电池的维护保养

(1)酸性蓄电池的过充电。

酸性蓄电池在运行中往往因长时间充电不足、过放电或其他原因(如短路)，造成极板硫化，从而在充电过程中蓄电池的电压以及电解液的相对密度均不易上升。为使蓄电池运行良好，应对蓄电池进行过充电。所谓过充电是指在正常充电后，再用10 h放电率的1/2或3/4小电流进行充电1 h，然后停1 h，如此反复进行，直到刚一接通充电电源就发生强烈气泡为止。

遇到下述情况时，应进行过充电：

①蓄电池已放电至极限电压以下；

②以最大电流放电超过限度；

③蓄电池放电后，搁置了 1~2 昼夜而没有进行及时充电；

④蓄电池极板抽出检查，清除沉淀物之后；

⑤电解液内混有杂质；

⑥极板硫化，充电时电解液相对密度不易上升。

(2)电解液的调整与补充。

酸性蓄电池在充、放电过程中，液面会有所降低。虽然电解液会有少许飞溅，但这种损失极少，液面降低主要是因产生气体或蒸发使电解液中的水分减少造成的，因此补充液面至原来的高度时，只能加蒸馏水，不可加酸。

若充电完毕后，电解液的相对密度低于原来值，则应在正常充电后补加相对密度为 1.35~1.40 的稀硫酸来调整，然后用普通充电电流的一半充电 30 min 至 1 h，以使电解液均匀。若相对密度仍不合适，则重复上述过程。注意在配制电解液时应将硫酸缓慢注入蒸馏水中。

(3)应注意保持清洁。同时为防止极柱夹头生锈，其上面应保持一层凡士林油膜。

(4)每 15~20 天应检查电解液的高度，注液孔应旋紧，以防电解液溅出。

(5)为消除极板硫化，应按时进行过充电，定期进行全容量放电。对于经常不带负荷的蓄电池，每月应进行一次充、放电。

(6)充电时，电解液的温度不能超过规定值。

(7)蓄电池室应保持通风，并严禁烟火。

(8)蓄电池的测量仪表，如比重计、温度计、电压表等，应定期进行检查。

(9)电解液应每年进行化验检查。

第四节 岸电(二、三类轮机员)

一、船舶岸电的基本概念

船舶岸电是指船舶在停靠港口期间或进坞维修期间，船舶的发电机组停止运行，船用照明、制冷、工程作业等用电设备改由码头供电，从而减少船舶大气污染物排放的供电方式。

船舶岸电系统主要由岸上电源部分、岸-船连接部分和船舶受电部分组成，其基本结构如图 5-3 所示。

岸上电源部分将变电站的电力根据受电船舶电力系统要求进行电压等级和频率变化，输送到码头、泊位或接电箱。根据岸电系统输出电压等级不同，可将岸电分为高压岸电和低压岸电，高压岸电电源输出 6.6 kV 和 11 kV 的岸电电压，适合用电负荷较大的大型船舶；低压岸电指岸电电源输出 440 V 和 400 V 或者更低的岸电电源，适用于用电负荷较小的船舶。

岸-船连接部分是连接岸上接电箱和船上受电装置的电缆和设备的总称，安装于岸基、驳

图 5-3　船舶岸电系统基本结构

船，一般设置有电缆管理系统，以便于电缆的快速连接和存储。

船舶受电部分是指船舶接受岸电的装置，主要包括船用变压器、控制设备和并车装置。

船舶由发电机电源切换为接岸电时，应注意事项如下：

(1)要求岸电电压、频率与船舶电网电压、频率一致，注意检查岸电电压、频率是否与本船电网电压、频率一致。若频率相同，仅电压不同，可通过调压器将岸电电压变换成与本船电压相等后，再接至船舶电网。

(2)要求岸电相序与船舶电网相序一致，检查岸电相序与船舶电网相序是否一致，如果相序不一致将会使船上电机反转。一般船上的岸电箱内均有相序指示灯，当相序指示灯显示相序正确时才能接通岸电。船舶接用岸电通常采用相序指示器和逆序继电器来检测和保护。

(3)要求接通岸电后，不允许再启动船上主发电机和应急发电机。因此船舶电站均设有与岸电的联锁保护，使两者不可能同时合闸。

(4)若岸电为三相四线制(中性点按地)时，应将船体与岸上接地装置相连，然后接岸电。

二、相序指示器

相序指示器是用来检测接入岸电相序的装置，以判断岸电的相序是否与船电一致。通常采用相序指示灯，相序指示器接线原理图如图 5-4 所示。

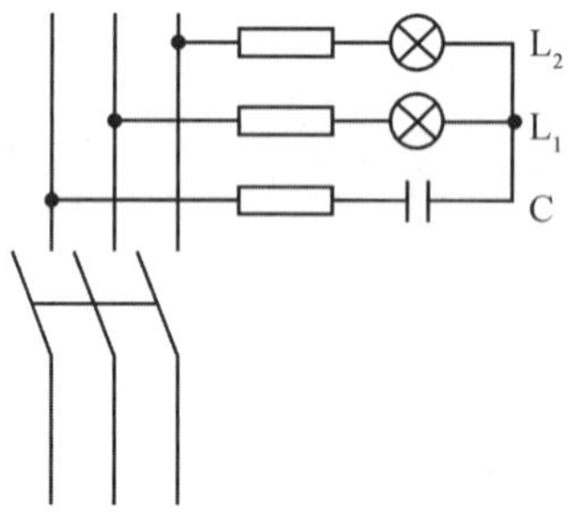

图 5-4　相序指示器接线原理图

图 5-4 中 L_1、L_2 为灯泡，C 为电容，电路为一星形连接的不对称三相电路。假设三相电路的相电压为 U_P，两灯泡的电阻分别为 R_1 和 R_2，电容的容抗为 X_C，取 $R_1=R_2=X_C$，由三相电路的理论计算得知，当电容接的为 A 相时，则 B 相灯泡两端的电压为 $U_B=1.49U_P$，C 相灯泡两端的电压为 $U_C=0.4U_P$。因此得出的结论是：当电容所接的相为 A 相时，则灯泡较亮的那一相为 B 相，暗的那一相为 C 相。

通常，L_1 为白色(或绿色)灯泡，L_2 为红色灯泡，这样当岸电与船电相序相同时，白灯(绿灯)较亮，而相序不同时红灯较亮。通常在两指示灯分别设有相序“正”“误”的铭牌标志。根据指示灯的亮度及其标志可以判断相序是否正确。当相序不一致时,只需将岸电接线任意两相调换连接即可。

三、逆序继电器

逆序继电器又称为负序继电器。逆序继电器通常由负序电压过滤器和电压继电器组合而成。它是一种保护装置,其作用是当船舶接岸电时相序接错或出现断相时引起单相运行,使岸电开关的失压脱扣器动作,岸电开关自动断开防止岸电的接入,起到保护作用。

第五节 实操训练

实训一:完成同步发电机的卸载及停车操作(二类轮机长)

一、任务要求

1. 掌握同步发电机的卸载操作方法。
2. 掌握同步发电机的停车操作方法。

二、任务准备

1. 船舶电站一套。
2. 同步发电机一台。

三、任务实施

1. 讲解同步发电机卸载和停车前的安全注意事项。
2. 讲解卸载的具体操作方法(卸载应具备的条件),并实操演示同步发电机的卸载。
3. 讲解同步发电机的停车操作方法,并实操演示。

实训二:发电机不能建立电压的故障排除(二类轮机长)

一、任务要求

1. 分析发电机不能建立电压的故障。
2. 能根据不同故障采取相应的排查措施。

二、任务准备

1. 同步发电机一台。
2. 万用表等电工工具。

三、任务实施

1. 根据表 5-7 人为设置无剩磁、励磁绕组开路、电刷断开等故障，使得同步发电机不能建立电压，通过表 5-7 对各故障进行分析。
2. 根据不同故障原因，给出相应的排除措施。
3. 学生通过分组，对不同类型的故障进行实操训练，分析并排除相应故障。

表 5-7　发电机电压不能正常建立的故障原因与排除方法

故障原因	排除方法
1. 无剩磁或剩磁不够	1. 用外电源（直流）进行充磁起压
2. 励磁绕组开路	2. 检查励磁线组是否开路；检查从整流器至励磁线组是否有松脱或断线
3. 发电机集电环锈蚀，发黑不导电	3. 用细砂纸打磨集电环表面
4. 电刷卡在刷握中或刷辫断开	4. 检查修理电刷、刷握及刷辫
5. 线性电抗器无气隙或气隙太小	5. 调整气隙到适当大小
6. 调压器整流元件被击穿或断路	6. 检查、更换击穿的整流元件
7. 接线错误	7. 检查接线，更正接错的地方
8. 发电机剩余电压与整流器输出电压极性相反	8. 调换励磁绕组的连接
9. 电抗器、谐振电容器和相复励变压器之间的连线断开	9. 检查连线，重新接好
10. 谐振电容器短路	10. 更换电容器

实训三：排除电网常见故障（二类轮机长）

一、任务要求

掌握船舶电网一般故障的排除方法。

二、任务准备

1. 模拟电站一套。
2. 具有模拟电站仿真系统训练电脑 40 台套。

三、任务实施

1. 以小组讨论方式分析船舶电网常见故障原因。
2. 根据船舶电网常见故障判断故障原因，分析其中原理，并做对应处理或给出建议。
3. 利用模拟电站系统，对不同类型船舶电网、不同故障性质进行故障处理的训练。
(1)电网过载故障的判断，查找到设置的故障并排除。
(2)电网欠压故障的判断，查找到设置的故障并排除。
(3)电网断路故障的判断，查找到设置的故障并排除。
(4)电网短路故障的判断，查找到设置的故障并排除。

实训四：酸性蓄电池的维护保养(二、三类轮机员)

一、任务要求

掌握酸性蓄电池的常规维护保养方法。

二、任务准备

1. 酸性蓄电池多组。
2. 维护保养工具及相应的维护保养材料。

三、任务实施

1. 利用 PPT 讲解酸性蓄电池的保养内容和充放电注意事项。
2. 演示酸性蓄电池电解液液面高度的测量方法。
3. 演示酸性蓄电池电解液补充方法。
4. 学生分组进行相关保养实训操作。

实训五：岸电操作(二、三类轮机员)

一、任务要求

掌握船舶岸电的拆接操作方法。

二、任务准备

1. 模拟电站一套。
2. 模拟岸电装置一套。
3. 具有模拟岸电仿真系统训练电脑 40 台套。

三、任务实施

1. 认识岸电箱，了解箱面板及箱内各电器、指示灯的作用。

2. 根据船电参数让学生选择岸电参数，引出接岸电注意事项。

3. 分析相序测定电路原理，在岸电箱上进行相序的测试，观察一致与不一致时的灯光状态，并使相序一致。

4. 到主配电板前进行试合闸，引出主配电板与岸电之间的互锁关系。

5. 通过模拟电站和岸电装置，演示船舶岸电系统的接地点、送岸连接等操作。

6. 通过模拟电站和岸电装置，演示应急断电线路的连接、试验、送电和同步检验等操作。

7. 通过模拟电站和岸电装置，演示岸电供电结束时的恢复程序。

8. 通过岸电仿真系统对岸电拆接操作进行训练。

第六章 用电设备操作

第一节 异步电动机的结构(二、三类轮机员)

异步电动机是一种交流电动机,也称感应电动机,主要作电动机使用。异步电动机具有结构简单、坚固耐用、维护方便、运行可靠、价格低廉、制造容易等突出优点,而且具有较高的工作效率及良好的工作特性。三相异步电动机在工农业生产中得到广泛应用,在船舶电力拖动中更是占据非常重要的位置。

异步电动机主要由固定不动的定子和旋转的转子两大部分组成,定子和转子之间是气隙,在定子两端由端盖支撑转子。

1. 定子

异步电动机定子由定子铁芯、定子绕组和机座组成,如图 6-1 所示。

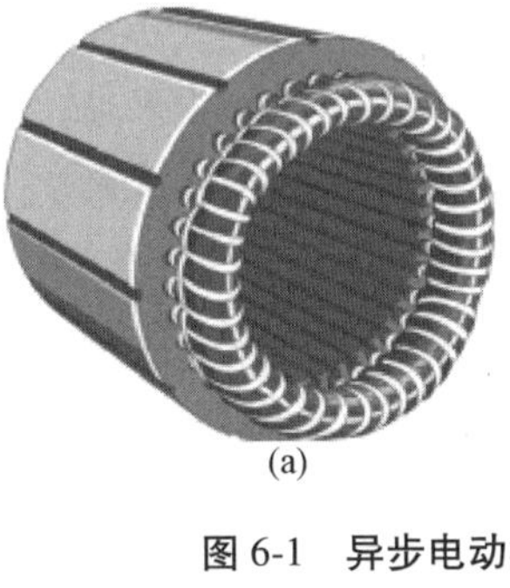
(a)

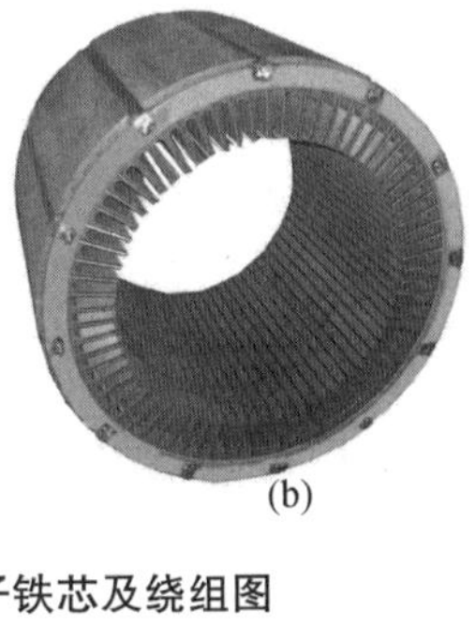
(b)

图 6-1 异步电动机定子铁芯及绕组图

定子铁芯用导磁性能好、损耗小的硅钢片叠成,定子铁芯安装在机座内,定子铁芯用来作为电动机的磁路及嵌放定子绕组。定子绕组是电动机的电路,作用是通过三相交流电源时,产生一个旋转磁场，三相异步电动机的定子绕组由三个独立的绕组构成，各绕组的线圈数目相等，均匀对称地分布在定子铁芯的槽中，三相异步电动机定子绕组 3 个首端和 3 个末端都接在电动机出线盒的接线柱上。机座主要用于固定和支撑定子铁芯，需要足够机械强度，通常用铸铁或铸钢制成。

2. 转子

异步电动机转子由转子铁芯、转子绕组和转轴组成。

转子铁芯是电机磁路的一部分，一般也用导磁性能好，损耗小的硅钢片冲制后叠压而成。转轴支撑转子铁芯并起到输出转矩的作用，转子绕组起到感应电动势、流过电流及产生电磁转矩的作用。其有两种结构形式：鼠笼式和绕线式。

鼠笼式转子构造简单，由转子铁芯和笼形转子绕组构成，转子铁芯均匀分布的每个槽内各放置一根导体，两端有两个端环，由端环将伸出槽外的所有导体连接起来。若去掉铁芯，剩下的绕组形状形似鼠笼，鼠笼式电机由此得名。这种笼形转子绕组可以用铜条焊接，也可以用铝浇注而成，如图 6-2 所示。

绕线式的转子铁芯用硅钢片叠成。铁芯的外沿开有分布均匀的槽，槽内安放转子绕组。转子绕组是与定子绕组相似的对称三相绕组，一般接成星形。三个出线端接到转轴的三个滑环上，再通过电刷引出电流。通过滑环电刷还可在转子回路接入附加变阻器，可以根据调节转子电路的电阻来改善绕线式电动机的启动性能和转速调节。

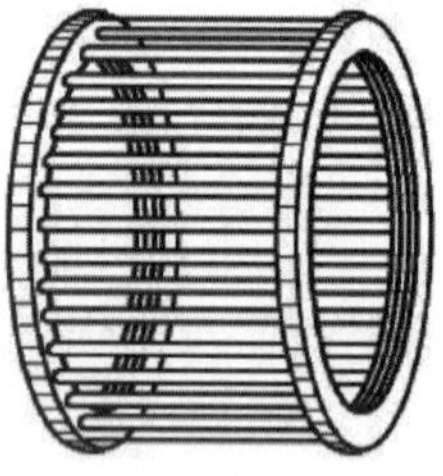

(a)铜条转子

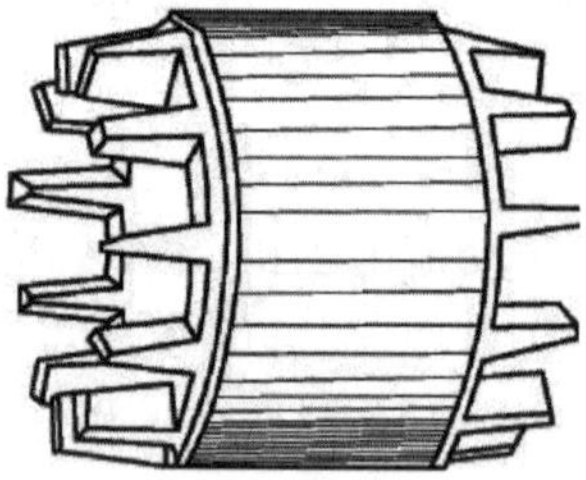

(b)铸铝转子

图 6-2　笼形转子绕组

3. 气隙

异步电动机的转子在运行时为了避免与定子发生摩擦，必须在定子与转子之间留有一定间隙，该间隙被称为气隙，而这个气隙又是电动机磁路的一部分，该气隙的大小对异步电动机的性能有很大影响，为了降低电机的空载电流和提高电动机的功率，从原理上来说气隙应尽可能小。为了平衡两者，实际电机气隙长度应选择为运行中不发生机械摩擦所允许的最小值，一般为 0. 2～1. 5 mm。

4. 总体结构

三相异步电动机除了上述主要结构以外还有一些其他部件，其分解图及总体结构图如图 6-3 所示。

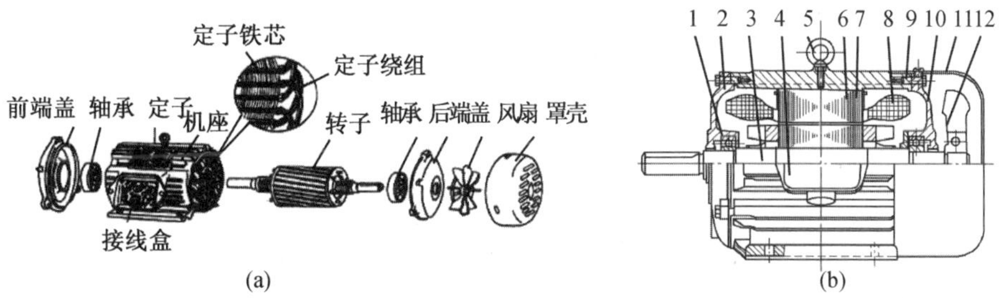

图 6-3 封闭式三相笼式异步电动机分解图及总体结构图

1—轴承;2—前端盖;3—转轴;4—接线盒;5—吊环;6—定子铁芯;7—转子;8—定子绕组;9—机座;10—后端盖;11—罩壳;12—风扇

第二节 异步电动机的工作原理(二、三类轮机员)

一些重要电气设备的设置和安装要符合《国际海上人命安全公约》的规定。

一、三相旋转磁场的产生

异步电动机之所以能够旋转,主要是由于旋转磁场的作用;为了便于分析,把异步电动机的定子三相绕组简化为三相六槽结构,三相用三个线圈 U_1-U_2、V_1-V_2、W_1-W_2 表示,它们在空间上彼此相差 120°,三相绕组通入对称三相对称电源,以此分析旋转磁场的产生。三相绕组简化模型图如图 6-4 所示。

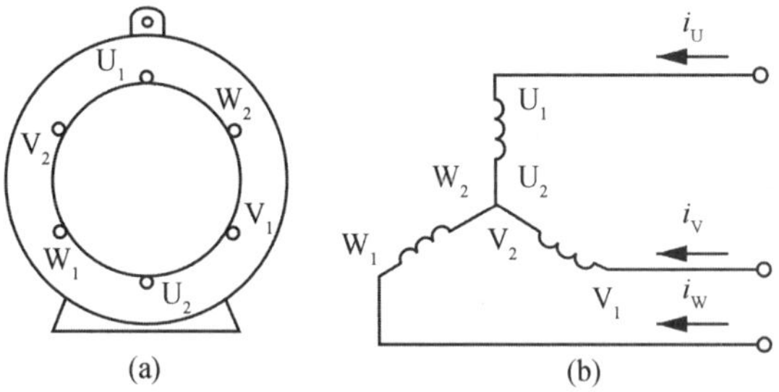

图 6-4 三相绕组简化模型图

把通入电动机的 A、B、C 三相电源电流分别称为 i_A、i_B、i_C,把流过定子槽内互成 120°安放的三个绕组的电流分别称为 i_U、i_V、i_W。由于输入是对称三相电源,它们的幅值相等,相序为 U、V、W,初相角为零,相位互差 120°,三相绕组初始状态波形图如图 6-5 所示。此时三相电流的表达式为

$$i_U = I_m \sin\omega t$$

$$i_V = I_m \sin(\omega t - 120°)$$

$$i_W = I_m \sin(\omega t + 120°)$$

以下具体分析旋转磁场产生原理。根据三相绕组简化模型图里电流正方向的假定,三相交流电为正半周时,电流由绕组的首端流入,从末端流出;反之,电流从绕组的末端流入,从首

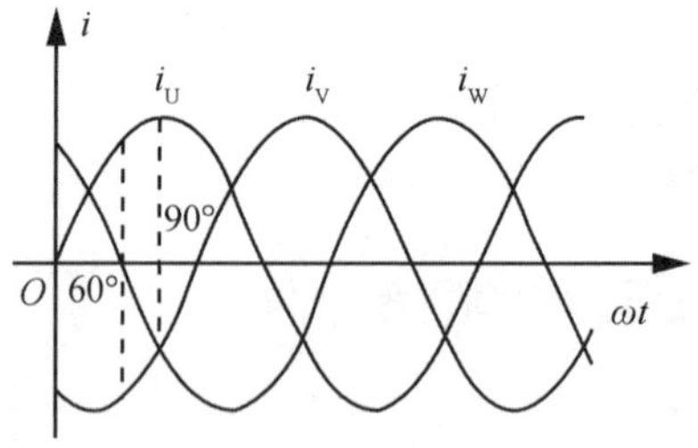

图 6-5　三相绕组初始状态波形图

端流出。这样可依据不同时刻的电流方向，通过右手螺旋定则，判定对应时刻电流产生的合成磁场。

当 $\omega t=0°$ 时，i_U 为零；i_W 为正方向，与参考电流方向相同，电流由 W_1-W_2 线圈的首端 W_1 流入，由尾端 W_2 流出；i_V 为负方向，与参考电流方向相反，电流由 V_1-V_2 线圈的尾端 V_2 流入，首端 V_1 流出。这样三相输入电流在此时所建立的磁场，根据电流方向，按右手螺旋定则可知，磁场方向为 U_1 到 U_2 的指向，电流和磁场方向如图 6-6 所示。

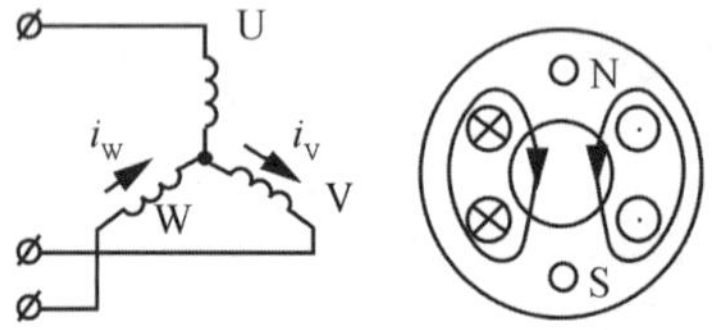

(a) 电流方向　　(b) 合成磁场

图 6-6 旋转磁场模型（$\omega t=0°$）

当 $\omega t=60°$ 时，i_W 为零；i_U 为正方向，与参考电流方向相同，电流由 U_1-U_2 线圈的首端 U_1 流入，由尾端 U_2 流出；i_V 为负方向，与参考电流方向相反，电流由 V_1-V_2 线圈的尾端 V_2 流入，首端 V_1 流出。这样三相输入电流在此时所建立的磁场，根据电流方向，按右手螺旋定则可知，磁场方向为 W_1 到 W_2 的指向，电流和磁场方向如图 6-7 所示。

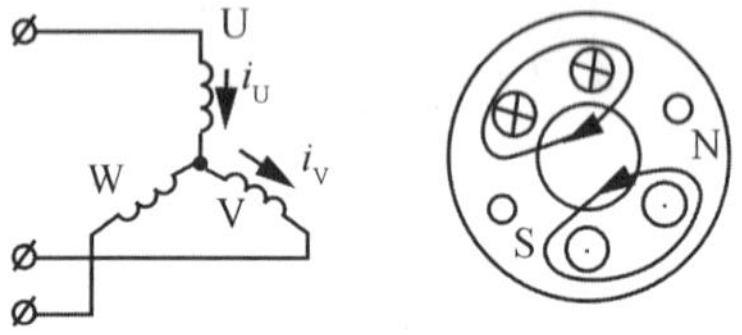

(a) 电流方向　　(b) 合成磁场

图 6-7　旋转磁场模型（$\omega t=60°$）

当 $\omega t=120°$ 时，i_V 为零；i_U 为正方向，与参考电流方向相同，电流由 U_1-U_2 线圈的首端 U_1 流入，由尾端 U_2 流出；i_W 为负方向，与参考电流方向相反，电流由 W_1-W_2 线圈的尾端 W_2 流入，首端 W_1 流出。这样三相输入电流在此时所建立的磁场，根据电流方向，按右手螺旋定则可知，磁场方向为 V_1 到 V_2 的指向，电流和磁场方向如图 6-8 所示。

当 $\omega t=180°$ 时，i_U 为零；i_V 为正方向，与参考电流方向相同，电流由 V_1-V_2 线圈的首端 V_1 流入，由尾端 V_2 流出；i_W 为负方向，与参考电流方向相反，电流由 W_1-W_2 线圈的尾端 W_2 流入，首端 W_1 流出。这样三相输入电流在此时所建立的磁场，根据电流方向，按右手螺旋定则可知，磁场方向为 U_2 到 U_1 的指向，电流和磁场方向如图 6-9 所示。

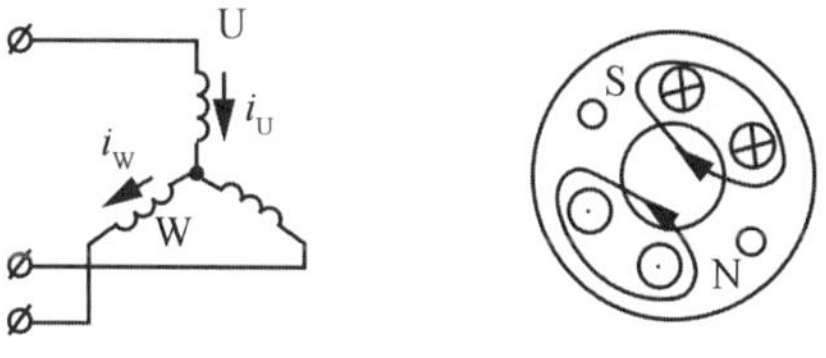

(a)电流方向 (b)合成磁场

图 6-8 旋转磁场模型($\omega t=120°$)

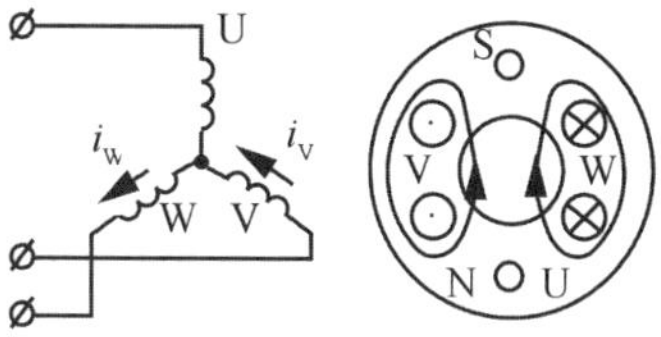

(a)电流方向 (b)合成磁场

图 6-9 旋转磁场模型($\omega t=180°$)

通过上述分析,结合图 6-6、图 6-7、图 6-8 和图 6-9 可推测出,定子电流后半周期产生的磁场随定子绕组的三相电流不断地变化。可以发现,当定子绕组电流经过一个周期,合成磁场也按电流相序方向在空间旋转了一周,随着定子绕组三相电流不断地做周期性变化,合成磁场也不断地变化旋转,因而产生了与电流相同角速度的旋转磁场。

旋转磁场的方向是由定子绕组电流相序决定的,上述情况是顺时针旋转,或者说是顺着 A、B、C 的相序旋转,如果任意对调电源上的两相,例如 B、C 两相对调,这时再画旋转磁场,就会发现旋转磁场是逆时针旋转,可以得出改变电动机电源的相序就改变旋转磁场的旋转方向。

三相异步电动机的极数就是旋转磁场的极数。旋转磁场的极数与三相绕组的安排有关。当每相绕组只有一个线圈,绕组的始端之间相差 120°空间角时,产生的旋转磁场具有一对极,即 $p=1$;当每相绕组为两个线圈串联,绕组的始端之间相差 60°空间角时,产生的旋转磁场具有两对极,即 $p=2$。

旋转磁场的转速叫作同步转速,同步转速取决于电网频率和绕组的极对数。旋转磁场转速(同步转速)n_1 与电源频率 f_1、磁极对数 p 的关系为:

$$n_1=\frac{60f_1}{p}\ (\mathrm{r/min})$$

从式中可以看出,同步转速与磁极对数成反比,与电网频率成正比。我国电力系统额定频率为 50 Hz,故两极(极对数为 1)三相电机的同步转速是 3 000 r/min,四极(极对数为 2)三相电机的同步转速是 1 500 r/min,不同极对数与同步转速对照如表 6-1 所示。

表 6-1 极对数与同步转速对照表($f=50$ Hz)

极对数(p)	1	2	3	4	5	6
n_0(r/min)	3 000	1 500	1 000	750	600	500

二、三相异步电动机工作原理

1. 工作原理

如图 6-10 所示为三相异步电动机转动原理图。

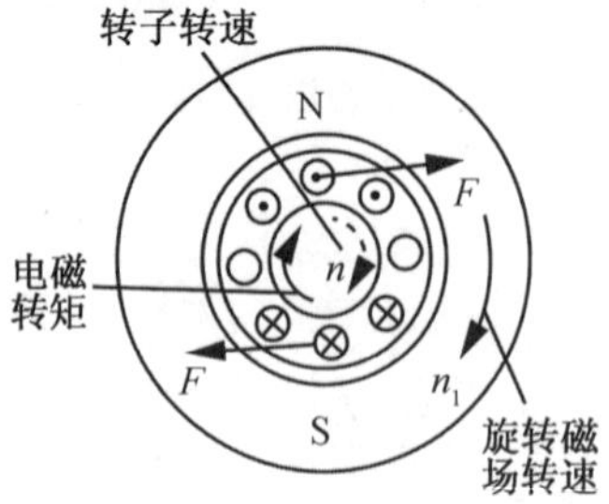

图 6-10　三相异步电动机转动原理图

三相异步电动机静止时，当定子绕组接通三相对称电源时，根据前述分析，将产生空间旋转磁场，假设旋转磁场的旋转方向如图 6-10 所示为顺时针方向，此时转子导体因切割磁通而产生感应电动势。因为磁场顺时针方向旋转切割转子导体，相当于转子导体逆时针方向旋转切割磁通，根据右手螺旋定则，转子导体中的感应电动势的方向如图 6-10 所示，N 极下为向外，S 极下为向内。此感应电动势便在闭合的转子导体中产生了电流，方向与电动势相同。

转子电流与旋转磁场相互作用产生电磁力 $F(F=Bli)$，其方向由左手定则决定，同样如图 6-10 所示，此电磁力对转子轴形成了电磁转矩，如果电磁转矩大于负载转矩，转子便顺着电磁转矩方向即旋转磁场方向转动起来。如果改变相序，旋转磁场反转时，则电动机产生反向电磁转矩。

显然，电磁转矩的大小、性质与转子电流有关，转子电流由感应电势所决定，感应电势取决于转子与定子间相对运动的速度。如果转子转速等于同步转速，则转子与旋转磁场之间就没有相对运动，因而转子导体将不切割磁通，不能产生转子感应电势，转子电流以及电磁转矩将等于零，在负载作用下转子将不可能继续以同步转速旋转。由此可见，转子转速与同步转速之间的差别是保证转子旋转的主要因素。由于这一原因，我们才把这种交流电动机叫作异步电动机。又因为转子的电流是由电磁感应而产生的，即异步电动机的工作原理的基础是电磁感应现象，所以异步电动机又称为感应电动机。

为了描述同步转速与转子转速间相互关系，便于讨论电磁转矩的性质，引入转差率参数。转差率定义为同步转速 n_1 与转子转速 n 之差(n_1-n)对同步转速之比值，用 s 表示，表达式为：

$$s=\frac{n_1-n}{n_1}$$

当异步电机负载发生变化时，转子的转差率随之变化，使得转子导体的电动势、电流和电磁转矩发生相应变化，异步电机转速随负载的变化而变动。根据转差率的正负、大小，可将异步电机的运行状态分为电动机、发电机和电磁制动三种状态，如图 6-11 所示。图 6-11 中 n_1 为旋转磁场同步转速，用旋转磁极来等效旋转磁场，2 个小圆圈表示短路线圈。以下对三种状态做简单了解。

2. 运行状态

(1)电动机状态

电动机正常运行时,若转子上电磁转矩 T_{em} 与负载作用在转轴上的反抗转矩 T_c 相等时,转子以等速运转;当 $T_{em}>T_c$ 时,转子则加速;当 $T_{em}<T_c$ 时,转子则减速。

例如,当电动机在空载时,轴上的反抗转矩只有轴与轴承之间的摩擦力及旋转部分的空气阻力所产生,其值很小,因此转子产生的电磁转矩也很小,这时转速接近于同步转速 n_1。当增大电动机负载,开始瞬间,$T_{em}<T_c$,转速下降,这时转子与旋转磁场间的转速差增大,因而转子的感应电动势、电流及其电磁转矩随之增大,直到 $T_{em}=T_c$ 时,转子不再减速,而是在比原转速低的转速下稳定运行。同理如把电动机的负载减少,则转速的变化过程与上述相反。

此状态运行时转子实际转速方向与旋转磁场方向相同,数值上小于同步转速,即 $n_1>n>0$,$1>s>0$,如图 6-11(a)所示,此时转子导体将产生感应电动势与感应电流,在 N 极下该电流方向为⊕,由左手定则,该电流与气隙磁场相互作用产生与转子转向同方向的电磁转矩 T_{em},因此该电磁转矩作为拖动力矩去克服负载制动力矩,维持转子旋转,从轴上输出机械功率,这种运行状态为电动机状态,也是船舶电动机正常使用时的工作状态。

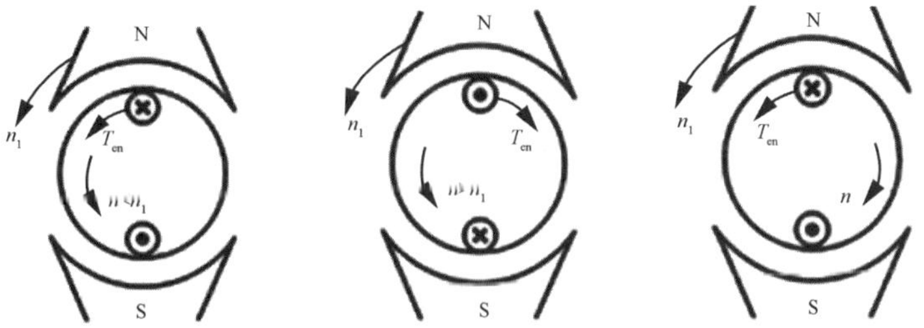

(a)电动机状态　(b)发电机状态　(c)电磁制动状态

图 6-11　三相异步电动机的三种运行状态

(2)发电机状态

当出现原动机拖动异步电动机或位能性负载导致的转子转速大于旋转磁场的同步转速的情况时,即 $n>n_1$、$s<0$,如图 6-11(b)所示,此时转子导体将产生感应电动势与感应电流,在 N 极下该电流方向为⊙,由左手定则,该电流与气隙磁场相互作用产生与转子转向相反方向的电磁转矩 T_{em},因此该电磁转矩体现为制动性质,阻碍转子转速进一步增加,此时异步电动机从轴上吸收机械功率,通过电磁感应由定子向电网输出电功率,因此被称为电机的发电机状态。

(3)电磁制动状态

由于机械负载或其他外因,导致转子向旋转磁场的相反方向运动,即 $n<0$,$s>1$,如图 6-11(c)所示,此时转子导体将产生感应电动势与感应电流,在 N 极下该电流方向为⊕,由左手定则,该电流与气隙磁场相互作用产生与转子转向相反方向的电磁转矩 T_{em},因此该电磁转矩体现为制动性质,阻碍转子转速进一步反向增加,此时电机运行于电磁制动状态,从轴上吸收机械功率的同时又从电网吸收电功率,然后变成了电机的内部损耗。

第三节 异步电动机的启动、制动、换向和调速(二类轮机长)

一、异步电动机的启动

所谓启动,一般指电动机的转子从静止状态到达到稳定运行速度的过程。为了实现良好的启动过程,对三相异步电动机的启动一般有以下要求:

(1)启动电流要尽可能小,以减少其影响。

(2)启动转矩应足够大,使电动机能克服所带负载的阻力转矩而迅速启动,尽量缩短启动时间。

(3)启动设备应尽可能简单、经济、操作方便。

其中启动电流和启动转矩是评价启动性能的两个物理量,为了更好地了解启动过程,寻找合适的启动方法,以下就异步电动机直接接入电网启动的情况来分析这两个物理量的影响因素。

1. 启动电流

在刚启动时,转子转速 $n=0$,$s=1$,异步电动机对电网呈现短路阻抗 Z_k,流过它的稳态电流即所谓的启动电流,该启动电流(相电流)的表达式为(I_{st}:启动电流;U_1:额定电压):

$$I_{st}=\frac{U_1}{Z_k}$$

由于短路阻抗 $Z_k=(0.14\sim0.25)\cdot Z$,因此在额定电压下直接启动的启动电流很大,约为额定电流的 4~7 倍。过大的启动电流会带来如下影响:一是使电源电压在电动机启动时下降,特别是电源容量较小时电压下降更大,船舶电源容量相对较小,大功率异步电动机启动时为了减少此影响,应特别考虑启动电流的影响;二是大的启动电流会在线路和电动机内部产生损耗而发热。电动机启动时,为了避免过大的启动电流对电网的冲击,要求异步电动机的启动电流尽可能小,但太小的启动电流可能导致启动转矩不足以启动负载,因此需根据电动机的容量、负载性质等情况选择合适的启动方法,维持适当的启动电流。

2. 启动转矩

异步电动机的电磁转矩(转矩)T 是由旋转磁场的每极磁通 Φ 与转子绕组中的电流 I_2 相互作用而产生的。电磁转矩的大小与转子绕组中的电流 I_2 及旋转磁场的强弱有关。它们的相互关系为:

$$T=K_T\Phi I_2\cos\psi_2$$

式中:T 为电磁转矩;K_T 为与电机结构相关的常数;I_2 为转子绕组电流的有效值;ψ_2 为转子电流滞后转子电动势的相位角。

在三相异步电动机刚启动时,此时电磁转矩称为启动转矩,此时尽管转子电流很大,但是由于转差率 $s=1$,转子回路功率因数很低,实际启动转矩并不大,一般为额定转矩的 0.9~1.3 倍。同时启动转矩必须大于负载转矩才能启动,启动转矩越大加速越快,启动实际时间越短,但过大的启动转矩会对传动机构构成威胁。

3. 笼式异步电动机的启动方法

(1)直接启动

直接启动又称为全压启动,就是将电动机的定子绕组直接加到额定电压的电网上启动。它适用于小容量电动机或轻载的场合。在此工况下启动电流和电磁转矩两个物理量容易同时满足要求。全压启动条件判断:需经常启动的电动机启动时配电母线电压降不大于 10%,而对偶尔启动的电动机压降要求不大于 10%。全压直接启动具备所需设备少、启动方式简单、成本低等优点,在船舶上有非常广泛的应用。

(2)降压启动

电动机的降压启动是在电源电压不变的情况下,降低启动时加在电动机定子绕组上的电压,限制启动电流,当电动机转速基本稳定后,再使工作电压恢复到额定值的方法。启动时,流过等效异步电动机的短路阻抗(R_k+jX_k)的启动电流与端电压成正比,而启动转矩电动机的端电压的平方成正比,也就是说采取降压启动时,降低启动电流的同时启动转矩也会下降,而且启动转矩下降的速度更快,因此在启动电流满足要求时必须考虑启动转矩是否满足要求。

降压启动适用于电动机容量大于 20 kW 并且带轻载的工况,由于轻载工况时,降压下的启动电磁转矩容易满足要求,降压启动带来的启动电流降低有利于减少电网冲击。常用的降压启动方法有:

①星形-三角形(Y-△)换向器启动

正常运行时定子绕组采用三角形(△)接法且容量较大的电动机,可采用 Y-△换向器启动。启动时定子绕组接成 Y 形,通上电源,电机在低压下启动,转速上升,当转速接近正常转速时,将定子绕组改接成△形,在全压下运行,切换时转速已接近额定转速,转差率 s 已经很小了,冲击电流也不大。这种启动方式称为三相异步电动机的 Y-△降压启动。

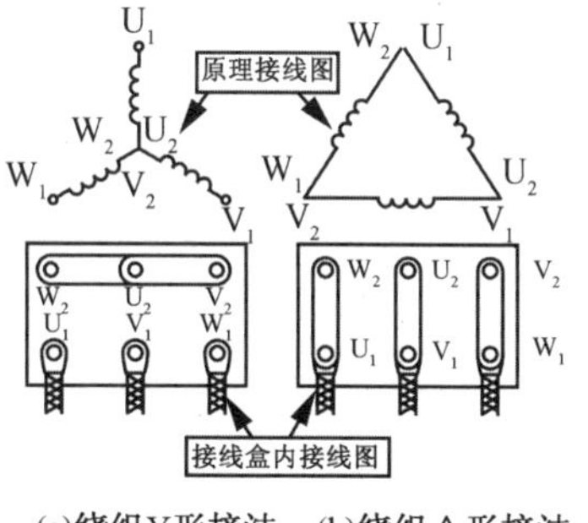

(a)绕组Y形接法 (b)绕组△形接法

图 6-12 Y-△启动接线板

依据图 6-12 中原理接线图可知,Y 形连接时定子端相电压只有△形连接时定子端相电压的 $1/\sqrt{3}$,Y 形启动电网线电流为△形启动电网线电流的 1/3,Y 形连接启动转矩也降为△形连接启动转矩的 1/3。

Y-△换向器启动方法简单、经济可靠。小型异步电动机常采用这种启动方法。国产的三相异步电动机为了便于采用 Y-△启动法，4 kW 以上的定子绕组都采用三角形接法。

②自耦变压器启动

这是利用自耦变压器在电动机启动时降低定子绕组电压，启动完成后恢复全压运行的一种启动方式。自耦变压器启动电路图如图 6-13 所示。图 6-13 中 T 为异步电动机用自耦变压器，启动时将开关 QS2 置于“启动”位置，T 的三相绕组接电源，二次侧抽头接电动机，实现降压启动。当转速接近正常转速时，将 QS2 置于“运行”位置时则接入全电压继续进行启动过程，此时冲击电流很小，再过较短时间，电动机进入正常运行状态。

设自耦变压器的变比为 K，则采用自耦变压器启动时：电动机端相电压为全电压启动的电动机端相电压 $1/K$，电网线电流为△形全压启动电网线电流的 $1/K^2$，启动转矩也降为全压启动转矩的 $1/K^2$。由此可见用自耦变压器启动对电流限制效果非常明显，而且变压器有抽头可调，可以改变启动电流的限制程度，但此法启动设备价格贵。

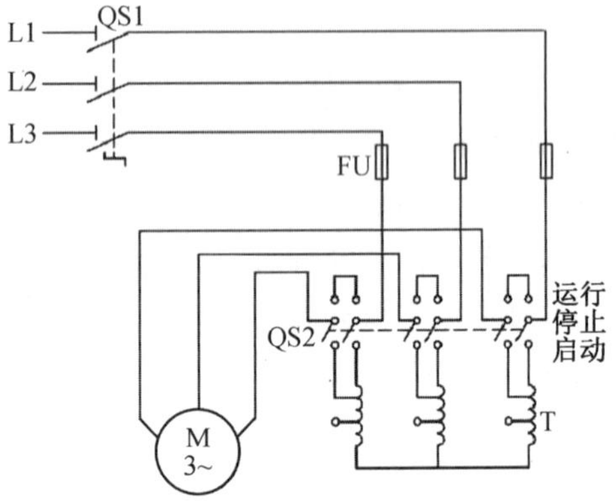

图 6-13　自耦变压器启动电路图

二、异步电动机的制动

生产机械工作时需要减速或停车，拖动这些设备的电动机也就需要制动，因此有必要了解电动机的制动特性。以下就电动机制动的物理过程进行分析，了解制动过程中相关参数变化规律，正确选择适合的制动方法。

所谓制动就是在电动机转轴上施加一个和电动机旋转方向相反的转矩，使拖动系统从某一稳定转速很快减速停车，或是为了限制电动机转速的升高，使其在某一转速下稳定运行，以确保设备和人身安全的方法。异步电动机的制动有机械制动和电气制动。机械制动是用电磁抱闸和电磁离合器等形式利用摩擦转矩制动的方法。下面重点讨论电气制动，如图 6-11(a)所示，电动机状态时电磁转矩 T_{em} 与转子的转速 n 同向并向外输出功率。而电磁转矩 T_{em} 或转子的转速 n 与电动机状态方向相反，即 T_{em} 与 n 方向相反，如图 6-11(c)所示，电动机就处于电磁制动状态，转轴转为从外界吸收功率。根据不同的 T_{em} 与 n 方向工况将异步电动机的制动方式分成以下几种：

1. 反接制动

实现反接制动有两种方法：正接反转制动和反接正转制动。

正接反转制动：在不改变电压的相序，即旋转磁场 n_1 的方向不变时，转轴上带有较大的位能性负载(比如起货设备的重物),此负载产生的负载转矩 T_L 数值上大于电动机的电磁转矩 T_{em} 且方向相反,那么电动机将在负载转矩带动下方向加速到平衡点稳定运行。这种反接制动运用目的不是用于停车制动,而是用于位能性负载,限制其下降速度。对于绕线式三相异步电动机来说,由于容易通过转子串电阻的方式改变其机械特性,容易满足反接制动条件,适合应用此法。

反接正转制动:转子在原转动方向不变的情况下,为了快速地让电动机停转或反转,通过改变输入电动机电源的相序,以达到制动目的的方法。制动原理是当输入电动机电源的相序改变后,产生的旋转磁场方向改变,对应的电磁转矩方向发生改变,变得与转子转向相反,拖动转子快速减速,起到制动效果。采用反接正转制动,优点是减速快,制动效果明显。缺点是由于电磁转矩的忽然换向,转轴承受的冲击较大;停机时刻需要准确,在转子完全停车或停车之前必须切断电源,否则电动机将反向启动运行;转轴除了从电网吸收电功率外还吸收外界机械功率,而所吸收功率将消耗在转子回路,产生大量热量,因此电动机还不能长期在此状态工作。

2. 回馈制动

交流异步电动机在电动机状态下运行时,若出现 $n>n_1$ 的情况,则 $s<0$,如图 6-11(b)所示,将会产生与 n 相反方向的电磁转矩 T_{em},因此该电磁转矩体现为制动性质,此时异步电动机从轴上吸收机械功率,并向电网输出电功率,工作在发电机状态,因此称为反向回馈制动。

3. 能耗制动

将正在运行的电动机的定子绕组电源从电网断开,接到直流电源上,定子的直流形成一恒定磁场,转子在惯性作用下继续转动,转子绕组上形成感应电动势、电流,该电流又与恒定磁场作用,产生电磁转矩,该电磁转矩与转子旋转方向相反,是制动转矩,电动机转速下降,电动机处于制动状态。这种制动方式实质是将转子的动能变成了电能消耗在转子电阻上。能耗制动具有制动平稳、准确的特点,但需提供直流电源,存在制动转矩较小,尤其在低速时制动效果差等不足。

三、异步电动机的调速

异步电动机具有结构简单、价格便宜、运行可靠、维护方便等优点,但在调速性能上较直流电动机差。目前广泛运用的异步电动机调速方式有多种,根据转速公式可以进行理解分析。

$$n = (1 - s)n_1 = \frac{60f_1}{p}(1 - s)$$

从式中可以看出,要调节异步电动机的转速 n,可调节频率 f_1、改变极对数 p,还可以改变转差率 s。对应的就是三类调速方式:

1. 变频调速

从上式可以看出当转差率变化不大时,n 近似正比于电源频率 f_1,因此可以通过改变频率 f_1 平滑地调节异步电动机转速。变频调速时总希望在改变电源频率时主磁通不变,因为若调节后的主磁通大于正常工作主磁通,则磁路易饱和,启动励磁电流增加,功率因素降低,若调节后的主磁通小于正常工作主磁通,启动电磁转矩下降,可能对启动造成不利影响。基于这种想法,变频调速多采用 U_1/f_1 定值控制,通用变频器的变频调速基本上采用此控制方式。变频调速的优点是调速范围大，平滑性好，还可根据不同负载需要实现恒功率或恒转矩调速。但当前控制装置的价格比较高。

2. 变极调速

由于正常运转的异步电动机的转差率都很小，在电源频率 f_1 不改变的情况下，改变定子绕组的极对数，电动机的同步转速 n_1 将发生变化，电动机的转速 n 随之下降。比如电动机从 1 对极变为 2 对极，那么同步转速从 3 000 r/min 变为 1 500 r/min，电动机转速也大约下降一半。变极电动机一般采用鼠笼式转子，因为鼠笼式转子的极对数能自动随定子极对数变化而变化，这样定子、转子磁场的极对数总是相等而产生平均电磁转矩。

改变定子绕组的极对数方法有：一是直接用两套极对数不同的定子绕组，每次用其中一套，构成双绕组变极；二是只装一套定子绕组，然后通过改变绕组的接法来获得两种或多种极对数，称为单绕组变极；三是将前两者相结合。双绕组显然经济性较差，在某些特殊情况下采用，后两种在倍极比（如 2/4 极、4/8 极等）及三速调节（如 4/6/8 极等）有广泛的运用，比如某些船舶所使用的三速锚机的电动机就是采用这种方法。

变极调速方法简单、运行可靠，但只能实现有级调速，且由于电动机结构、工艺及经济性等限制，极对数的改变是受限制的，因此变极调速不宜超过三种速度。

3. 变转差率调速

在电源频率 f_1 和极对数 p 不变时，改变转差率 s 同样会使电动机转速改变。而转差率 s 与定子端电压、定转子电阻、漏抗等因素相关，因此就可对应改变相关参数来改变转差率 s，达到调速的目的。常见改变转差率方法有：

（1）绕线式电动机在转子回路上串电阻来改变转子电阻。

（2）定子串联外加电阻或电抗器来改变定子电阻或漏抗。

（3）通过调压器调压改变端电压。

（4）转子回路串入电抗或电容器改变转子电抗。

现就常见转子回路串电阻调速方式进行讨论。此种方式只适用于绕线式电动机，电动机运行时，在转子接入电阻最初瞬间，转子转速还来不及改变，转子电流因为电阻的接入而减小，电磁拖动转矩同步减少，电动机转速开始下降，转差率 s 增大，转子感应电动势增加，转子电流增加，直到对应的电磁转矩与负载转矩达到新的平衡，这时电动机将在一个较低的转速下稳定运行。

这种调速方式简单可靠，在中小容量的绕线式电动机上有一定运用。但也存在一些不足，一是随着串入转子的电阻增加，转子铜耗增加，当 $s=0.5$ 时，转子铜耗甚至与总机械功率相等，此时电动机效率很低，发热严重；二是电动机虽可在一定调速电阻变化范围内调速，但调速范围随负载的轻重而变化，在轻载或空载时调速范围很小，达不到调速的目的；三是转子串入电阻后，机械特性变软，意味着在负载变化时，转速波动明显。

第四节 三相异步电动机的典型故障及处理

三相异步电动机在船舶生产生活中有着非常广泛的应用，若在日常运行过程中使用或维护不当,常会发生一些故障,对船舶安全运营带来负面影响。为了尽早发现相关故障,减少故障可能带来的损害,维持船舶安全运营,有必要对故障现象、故障产生原因及故障解决方案做较为详尽的了解。

三相异步电动机的故障通常分为机械故障和电气故障两类。机械故障主要包括转轴、轴承等部件故障。电气故障包括启动控制部分设备故障及电动机本身绕组、电刷等部件故障。不同情况导致的电动机的故障现象有很多,有时不同的原因还导致相似的故障现象,要及时找到故障原因并排除故障是复杂而细致的工作,为了便于理清故障,以下就不同故障现象进行分类分析。

一、电动机启动故障

这类故障是合上电源开关,电动机不能达到正常运行状态的情况。根据不同现象将这类故障分成以下四种情况来分析。

第一种故障现象:合上启动开关后电动机不转,但也无异响、无异味、无烟等情况。故障可能的原因有:包括电动机外部电气部分故障和电机绕组故障两部分,外部故障可能是开关或启动设备有两相以上接触不良、控制线路连接错误或主线路中熔断器损坏、过电流继电器损坏或过电流保护动作后未复位;内部故障可能是定子绕组或转子绕组断路。故障处理:检查电源电压和开关、线路、接线盒及熔丝等位置断点;如果是熔丝熔断,需查明熔断原因,检查熔丝型号是否与电动机匹配;检查过电流继电器的整定值及复位情况;如控制线路有过检修,应考虑控制设备接线错误的情况,可以对照原理图进行检查;用万用表、兆欧表等仪表检查定子、转子绕组,查找断点看是否能修复。

第二种故障现象:合上启动开关时熔丝被熔断。故障可能的原因有:单相启动、熔丝截面积过小、某相绕组对地短路、负载过大或机械卡住、电源到电动机之间连接线短路、绕线转子电动机所接的启动电阻太小或被短路等。故障处理:检查时应首先考虑熔体是否过小,接法、操作是否正确,若熔体过小时,应选择合理熔体,然后检查传动装置、负载机械有无卡死,以及负载大小及其他故障;检查时可将电动机和负载机械分开后再检查,如电动机能正常启动,应检查被拖动机械及负载,查找是否因为负载过大或负载机械卡死或传动机械等故障,然后消除故障;若没有外部故障则检查绕组状况,当发现定子绕组有接地、短路故障时,应检查绕组短路、接地处,重新修好;当发现接线错误,应恢复改接过来。

第三种故障现象:合上启动开关通电后不能启动且有嗡嗡声。故障的实质是电动机所能提供的电磁转矩较外负载小得多,具体可能的原因有:电源电压过低、电源缺相、电动机引出线头尾接错或绕组内部接反、△形连接绕组被误接成Y形连接、定子转子绕组短路、负载过大或机械被卡住、装配太紧或润滑脂硬、改极重绕时楔槽配合选择不当。故障处理:检查电源电压,确认船舶供电质量;熔断器、接触器、开关、某相断线或假接,进行修复;在定子绕组中通入直流电,检查绕组极性,判断绕组头尾是否正确,重新接线;将Y形连接改回△形连接;找出断路点进行修复,检查绕线转子电刷与集电环接触状态,检查启动电阻有无断路或电阻过大;减轻负载,排除机械故障或更换电动机;重新装配,更换油脂;选择合理绕组形式和节距,适当车小转子直径,重新计算绕组参数。

第四种故障现象:启动困难,加额定负载达不到额定转速。故障的实质是电动机所能提供的电磁转矩较小，具体可能的原因有：电源电压较低、△形连接绕组被误接成Y形连接，绕组头尾接错、笼式转子出现断条或开焊情况、负载过重或机械部分转动不灵活、笼式转子电动机启动变阻器接触不良、定子或转子绕组部分接错或接反、绕线式转子某相断路、重绕时匝数过多等。故障处理：用电压表或万用表检查电源电压；将Y形连接改回△形连接；重新判断绕组头尾正确接线；找出断条或开焊处进行修理；减轻负载或更换电动机，改进机械传动机构；检查检修启动变阻器的接触电阻，若有断路，排除相应故障。

二、电动机运行故障

在电动机运转期间出现的一些不正常现象称为电动机运行故障，为了便于分析也将其分类讨论。

第一种故障现象：电动机运行时有不正常的振动。故障可能的原因有：联轴器或皮带轮中心对中较差；电动机的基座基础强度不够或安装于类似共振点的不合适位置；电动机的地脚螺丝有松动；电动机轴承损坏或轴承磨损导致间隙过大；转子不平衡；转轴弯曲变形或铁芯松动；气隙不均匀；冷却风扇扇叶损坏；笼式转子部分开焊、断条等。对应故障处理：首先判断是机械故障还是电气故障，判断的方法为接通电源出现不正常振动现象，切断电源振动还存在为机械故障，若切断电源振动消失为电气故障；机械方面故障可对应于以下项目进行检查处理，电动机基础不稳固或校正不好时，应加固基础或重新校正；电动机安装位置不合适时可以考虑调整安装位置；风扇叶片损坏造成转子不平衡时，应更换风扇或设法校定转子；轴弯或有裂纹时，应更换弯轴或校正弯轴使之符合规定要求；检查轴承，必要时更换轴承；电气方面应查出断线处并修复，转子导条或端环断裂时，应重新铸铝或另换转子。

第二种故障现象：电动机运行时有不正常的噪声。故障可能的原因有：机械方面有轴承损坏或润滑油严重缺少及润滑脂中有杂质；定子与转子间擦碰；风扇或转轴上零件松动；电气方面有绕组及电源电压质量差等。对应故障处理：更换、清洗轴承或更换润滑脂；定子、转子擦碰时，找出擦碰原因予以排除；紧固所有可能的松动零件；电气方面故障往往伴有其他故障现象，之前有过相关叙述。

第三种故障现象：电动机运行时出现过热。故障可能的原因有：电动机电源电压过高或者过低；电动机长时间过载运行；频繁启动和制动及正反转操作；风扇损坏或风道阻塞或电动机表面脏污或油漆过厚引起散热条件变差；环境温度过高；定、转子铁芯擦碰；定子绕组匝间或相间短路，电动机缺相运行等。对应故障处理：检查电动机负载并调整，使之在合理范围；改善操作习惯，减少不必要的启动及换向操作；修理或更换风扇，通过清洁去污等形式恢复电动机散热条件及增强通风等形式改善散热条件；进行定子、转子维护。

第四种故障现象：电动机运行时轴承过热。故障可能的原因有：轴承内润滑脂过多或过少；轴承润滑脂油质不好或有杂质；电动机与输出传动机构连接偏心、传动带过紧和主轴的弯曲引起的轴承负荷过大；轴承与轴承座发生相对运动引起的摩擦热量的积累。对应故障处理：保持干净、对应牌号的润滑脂在轴承容积的1/2~2/3之间；更换干净、相应牌号的润滑脂；通过轴线校中方法保证轴线偏移和曲折度在说明书要求范围，调整皮带张力或矫直弯轴等方式减少轴承负荷；调整公差使轴承与轴承座和轴合理配合，避免“跑外圆”及“跑内圆”的情况。

第五种故障现象：电动机运行时绝缘电阻低。故障可能的原因有：绕组绝缘受潮；绝缘绕组沾满灰尘或油垢;绕组绝缘老化。对应故障处理:对绕组进行烘干处理;清洁绕组上的油污、灰尘并进行干燥;更换老化的绝缘。

第五节 ◉ 电动机的维护管理(二类轮机长)

对运行中的电动机应进行监视和维护,这样才能及时了解电动机的工作状态,及时发现异常现象,将事故消除在萌芽之中,这对船舶机械设备的可靠运行、船舶安全航行有着重要意义。现将电动机的维护管理分为日常运行管理和维修两个方面进行介绍。

一、电动机的日常运行管理

1. 运行时温度的监视

任何电动机都有其允许的温升。温升即为电动机的实际温度与环境温度之差。电动机稳定运行所能承受的温升可以通过电动机铭牌中的绝缘等级查出,在环境温度不超过 40 ℃时,运行中电动机的最高允许温升应符合表 6-2 规定,如果环境温度为 40~60 ℃时,表中规定的温升限度应减去环境温度超过 40 ℃的数值。如电机被测出的温度为 95 ℃,当时环境温度为 35 ℃,则温升为 60 ℃。如果电动机长期过热会使绝缘破坏,甚至使电动机烧毁,因此在任何情况下电动机的温升不准超过规定的最大允许值。

表 6-2 电动机的最高允许温升

绝缘等级	A 级(℃)	E 级(℃)	B 级(℃)	F 级(℃)	H 级(℃)
最高允许温度(℃)	105	120	130	155	180
绕线温升限值	65	75	90	115	140
性能参考温度(℃)	80	95	100	120	145

电动机温度超过允许温升的因素有:负载过大,通风不良,环境温度过高。

中小型电动机可用手来摸,如电动机外壳较烫,已不能忍受,说明绕组的温度已超过允许值。如要知道具体温度值,一般采用电阻法测试。

2. 电动机负载电流的监视

注意电动机负载电流不要超过允许值,通过检测电流来监视电动机运行情况。

一般在铭牌上注明电动机的额定电流,此值一般是在环境温度为 40 ℃的情况下设计的。在此温度下运行的电动机电流不允许超过额定值;否则就会使绕组过热而损坏。环境温度高于 40 ℃时,电动机散热条件恶化,应适当降低其额定电流。

电动机运行时应关注三相电流不平衡问题。电动机由于三相电压的不平衡,相应的三相定子电流也会不平衡。由于定子绕组三相的阻抗不相等,也会造成电流的不平衡。在正常情况下,如果定子绕组任意一相的电流最大值不超过额定电流时,各相电流不平衡度允许达到 5%,例如额定电流为 100 A,就允许有一相电流不小于 95 A。最严重的三相电流不平衡就是断相,这种情况使其他两相电流很大,发热严重,甚至将电动机定子绕组烧毁。发生断相运行时，电动机的声音会沉重，这时应立即停止运转，检查原因，排除故障。

3. 电网电压的监视

异步电动机的安全运行要求电网电压稳定在规定范围之内。根据中国船级社《钢质内河船舶建造规范》要求，一般电动机能在表 6-3 规定的电源电压和频率偏离额定值的稳态和瞬态情况下可靠地工作，不减小输出功率。例如电动机的额定电压为 380 V，则允许在 403 V 与 342 V 的范围内长期运行。

表 6-3　电压及频率值允许范围

电气设备	电源参数	稳态	瞬态	
		（%）	（%）	恢复时间（s）
一般交流电气设备	电压	+ 6～－10	± 20	1.5
	频率	±5	±10	5
一般直流电气设备	电压	+ 6～－10	—	—

使用岸电时，由于其线路电压降一般较高，其电压可能低于 342 V，这时如某台电动机必须使用，还是可以的，但应适当降低负载，把电动机温升限制在允许范围内；否则电动机便会过热而损坏。

4. 电动机的通风和清洁

特别是在机舱内进行主机、电动机检修时，一些工具和零件不要放在电动机旁，更不要把清洁工具或清扫出来的棉纱头、电缆头等杂乱东西放在电动机周围，保持电动机良好的散热条件。

5. 电动机的振动、声响和气味

如果电动机振动很大，应仔细检查地脚螺栓或联轴器是否松动。有些振动是由于转子静、动平衡校正不好而引起的，也有绕组短路引起的。应查明原因，消除故障。

正常运转的电动机声音均匀，无杂音和特殊声音。如有较大的嗡嗡声，表示电流过大，是由于超负荷或各相电流不平衡引起的。如果轴承中的钢珠损坏，运转时就有“咕噜”的声音。如果硅钢片过于松弛（这种情况较少），在定子外壳就能听见一种特别的嘶嘶声。如果有不均匀的擦碰声，那就是转子和定子擦碰了。

如果电动机超负荷时间过久，而绕组因过热使绝缘损坏，就可以闻到一种特殊的绝缘漆的焦臭气味。这时应立即停止电动机的运行。

二、电动机的维护及维修

1. 保险丝和启动设备

机舱里的电动机基本上都是通过磁力启动器进行直接启动的。

通过磁力启动器直接启动，启动电流较大，因此应经常检查接触器的工作情况。特别是触头接触是否良好，在闭合状态下应相互紧贴，它不能有歪扭和变黑（氧化物），在其表面上不该有铜斑。

交流接触器如有较大的嗡嗡声，就说明接触不良，这可能是衔铁和铁芯的接触部分落入污垢等杂质,或紧固衔铁和铁芯上的螺钉松动。当铁芯上的短路环损坏时,也会发出较大的噪声。要查明原因,加以处理。

在三相交流接触器之前有三相熔断器,一相保险丝烧断,或一相触头接触不良,都会造成电动机断相运行,这是不允许的。当保险丝烧断,应查明烧断原因。有时因保险丝使用时间较长,或者表面损伤也会引起烧断,这种情况应及时更换保险丝。根据规范要求,容量大于0.5 kW以及所有重要用途电动机,均应设有独立的过载保护、短路保护和欠电压保护。

2. 定期解体清洁、检查

用干净、清洁的压缩空气(不超过200 kPa)或用“皮老虎”吹净,但不得碰坏绕组。保持电动机内部无明显积灰和油污,线圈、铁芯、槽锲无老化、松动、变色等现象,笼式转子条无开焊或断条现象。

3. 测量绕组的绝缘电阻

定期检查电动机定子绕组相间绝缘及绕组对地绝缘状况,绕组对地绝缘不良时,需清洗干燥绕组,可先吹风清扫,再用灯泡、电炉、烘箱等加热烘干,使绝缘电阻恢复正常。

4. 检查轴承状况

用手转动轴承外圈,使轴承转动起来,通过声音和转动状况来判断轴承的状况。若转动灵活、平稳、转动均匀、无杂音、正常停止转动、用手摇晃轴承时无明显撞击声说明状况正常。对于状况很好的,可对其进行清洗、加油,在说明书规定时限内可继续使用;对于状况一般或不良的,应进行更换。电动机轴承的润滑脂填满量应不超过轴承盒容积的70%,也不得少于容积的50%。更换润滑脂时,可用汽油、煤油或其他清洗剂,将轴承和轴承盖清洗干净,待汽油挥发干净后再加入润滑脂。

第六节 直流电机的结构与维护(二、三类轮机员)

直流电机是实现机械能与直流电能相互转换的旋转机械,有直流发电机和直流电动机。直流电动机与三相异步电动机相比,具有调速设备简单、调速性能好和启动、制动转矩大以及过载能力强等优点,但也具有结构复杂、造价高和维修工作量大等缺点,在交流船舶上直流电动机也是船舶各类拖动装置的主要原动机之一。

一、直流电机的结构及励磁

直流电机可作为电动机运行,也可作为发电机运行。不管是电动机还是发电机,其结构基本是相同的,即都有定子和转子两部分。直流电机结构图如图6-14所示。

1. 定子

定子主要部件为主磁极、机座、换向磁极、电刷装置和端盖等。

(1)主磁极的作用是产生恒定、有一定空间分布形状的气隙磁场。主磁极由主磁极铁芯和放置在铁芯上的励磁绕组构成,并固定在机座上。当给励磁绕组通入直流电时,各主磁极均

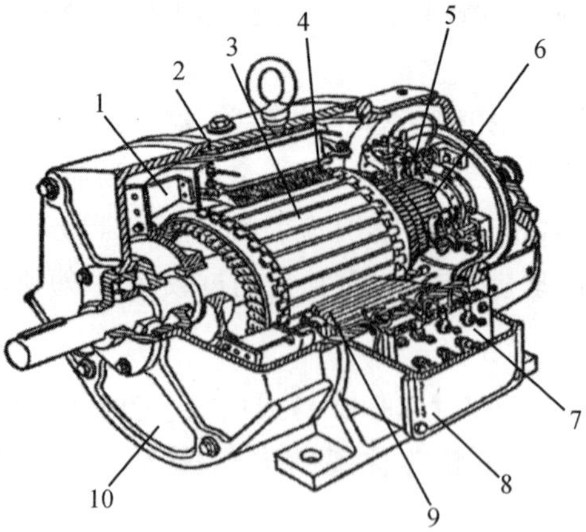

图 6-14　直流电机结构图

1—风扇;2—机座;3—电枢;4—主磁极;5—刷架;6—换向器;7—接线板;8—出线盒;9—换向极;10—端盖

产生一定极性,相邻两主磁极的极性 N、S 交替出现。

(2)直流电机的机座有两种形式,一种为整体机座,另一种为叠片机座。整体机座是用导磁效果较好的铸钢材料制成,该种机座能同时起到导磁和机械支撑作用。叠片机座只起支撑作用,叠片机座主要用于主磁通变化快,调速范围较高的场合。

(3)换向极又叫附加极,其作用是减少电磁原因而引起的电刷火花,改善换向。串联的换向极绕组和电枢绕组通过电枢电流,在电枢电流作用下换向极绕组形成的换向极磁场与交轴电枢反应磁场方向相反,如图 6-15 所示,它不仅抵消电枢反应磁场,而且使处于换向的绕组切割换向极磁场以产生可抵消电流换向引起的感应电动势,达到减少换向火花的目的。一般电机容量超过 1 kW 时均应安装换向极。换向极的铁芯比主磁极的简单且尺寸小,一般用整块钢板制成,在其上放置换向极绕组,换向极安装在相邻的两主磁极之间。

(4)电刷装置是直流电机的重要组成部分。主要有刷架、刷杆、刷握、炭刷及压紧弹簧组成。通过电刷把电机电枢电路与外面静止电路相连或把外部电源与电机电枢相连。电刷装置与换向片一起完成机械整流,把电枢中的交变电流变成电刷上的直流或把外部电路中的直流变化为电枢中的交流。

(5)端盖主要起支撑作用。端盖固定于机座上,其上安置轴承用以支撑直流电机的转轴。

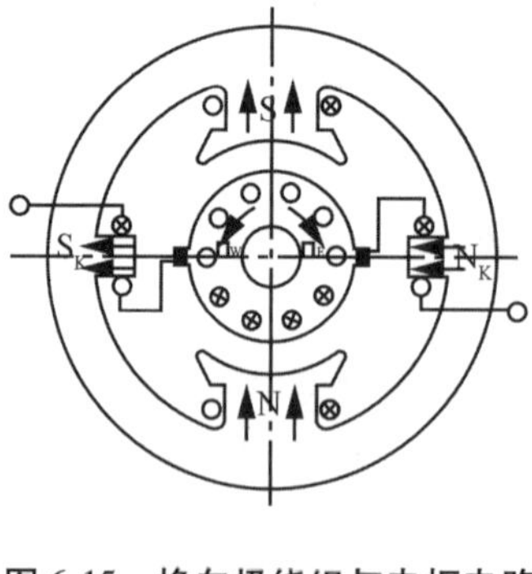

图 6-15　换向极绕组与电枢电路

2. 转子

直流电机的转子主要部件有电枢铁芯、电枢绕组、换向器等。

(1)电枢铁芯是主磁路的一部分,由硅钢片叠成,固定在转子支架或转轴上,同时对放置在其上的电枢绕组起支撑作用。

(2)电枢绕组用以产生电动势和通过电流,是实现机电能量转换的重要部件。由绝缘铜线绕制的绕组或成型绕组按一定规律放置在电枢铁芯的槽内。

(3)换向器又叫整流子,对于发电机,换向器的作用是把电枢绕组中的交变电动势转变为直流电动势向外部输出直流电压;对于电动机,它是把外界供给的直流电流转变为绕组中的交变电流以使电机旋转。

3. 励磁方式

直流电机主磁极的励磁电流供给有几种不同的方式。不同的励磁方式,电机有不同的运行特性。主磁极励磁分为他励和自励两大类。他励电动机的励磁电流由独立的外电源提供,而自励发电机的励磁电流是由发电机的电枢电路提供的,因而励磁电流受电枢电流和电压的影响。直流电动机的励磁电流都是由外电源供给。

按励磁绕组与电枢绕组的连接关系,可将直流电机的励磁方式分为:他励、并励、串励和复励四种:

他励:励磁绕组电路不与电枢电路连接,励磁电流可由独立电源供给。

并励:励磁绕组电路与电枢电路并联。并励绕组导线细、匝数多、电阻大,励磁电流远小于电枢电流。

串励:串励绕组与电枢绕组串联,电枢电流即为励磁电流。因此串励绕组导线粗、匝数少、电阻极小。

复励:主磁板上既有并励绕组又有串励绕组。

二、直流电动机的工作原理

直流电动机接直流电源,吸收电功率,轴上输出机械功率。

如图 6-16 所示为最简单的直流电动机模型,用以说明直流电动机的工作原理。主磁极用固定的 N、S 极表示,N、S 极间有一个转动的圆柱形电枢铁芯,其上有一个电枢线圈,线圈两端 a、d 分别接到彼此绝缘的两个半圆形换向片上。两个位置固定的电刷 A、B 分别压在两个换向器片上,电刷与转动的换向器片形成滑动接触的导电机构。

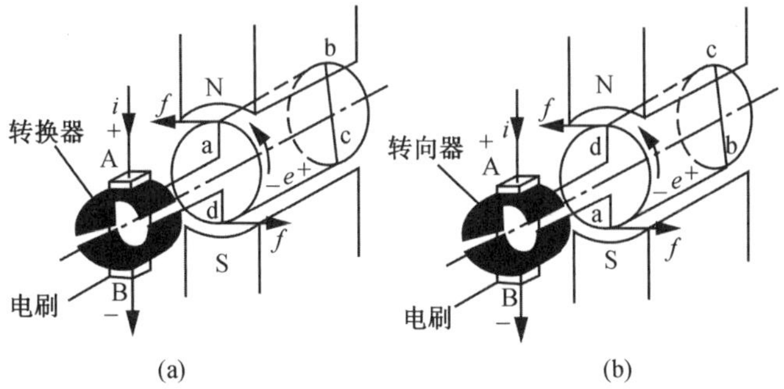

图 6-16 直流电动机工作原理图

把电刷 A、B 接到一直流电源上,电刷 A 接电源的正极,电刷 B 接电源的负极,此时在电枢线圈中将有电流流过,线圈在图 6-16(a)所示位置时,线圈 ab 段电流方向为从 a 到 b,线圈 cd

段电流方向为从 c 到 d,根据电磁力定律可知线圈每边所受电磁力大小为:

$$f = BlI$$

式中:B 为导体所在的磁通密度,单位为 Wb/m^2; l 为导体 ab 或 cd 的有效长度,单位为 m; I 为导体中流过的电流,单位为 A;f 为电磁力,单位为 N。

根据左手定则,线圈所受电磁力的方向如图 6-16 所示。此状态时电枢线圈受到一个逆时针方向的电磁转矩,当电磁转矩大于阻力矩时,驱动转子沿电磁转矩方向转动。同理,线圈在图 6-16(b)所示位置时,由于换向器与电刷之间位置的变化,线圈 ab 段电流方向变换为从 b 到 a,线圈 cd 段电流方向变换为从 d 到 c,因此 N 极下线圈边的电流方向还是保持流入方向,S 极下线圈边的电流方向还是保持流出方向,那么电枢电流在磁场中产生的电磁转矩方向保持不变,因而驱动电动机转子沿同一方向转动,构成了直流电动机连续运行的基本条件。

从上述一个电枢线圈的电动机模型的讨论中可知,它所产生的电磁转矩为非恒定的脉动量。为了获得平滑恒定的电磁转矩,实际直流电动机的电枢绕组是由许多分布的线圈构成的。即这些线圈沿电枢铁芯圆周均匀分布,并通过相应数量的换向器片依次串联构成一个闭合回路。根据电磁力的产生原理,恒定的直流电枢电流与恒定的磁通互相作用所产生的恒定电磁转矩 T 与每极磁通成正比,与电枢电流 I_a 成正比,即

$$T = C_T \Phi I_a$$

式中:C_T 是与电动机结构有关的常数,称为转矩常数。

三、直流电动机的维护与故障处理

1. 直流电动机的维护

直流电动机在使用过程中定期进行检查时应特别注意以下事项:

(1)直流电动机周围应保持干燥、清洁。应以压缩空气将内部的灰尘吹净,换向器、线圈连接线和引线部分需要特别注意。

(2)换向器的保养

①换向器表面不应有机械损伤和烧焦的痕迹,且为正圆柱形。

②换向器在负载下长期无火花运转后,在表面形成一层褐色有光泽的坚硬薄膜,它有利于减小换向器的磨损,这层薄膜必须加以保护,清洁时用软布,不能用砂布对其进行擦拭。

③若换向器表面出现粗糙、烧焦等现象时可用 0 号砂布在旋转着的换向器表面进行细致研磨。若换向器表面出现过于粗糙不平、不圆或有部分凹进现象时应将换向器进行车削,恢复圆柱状态。

④换向器表面磨损很多时,或经车削后,发现云母片有凸出现象,应以铣刀将云母片铣成 1~1.5 mm 的凹槽

⑤换向器车削或云母片下刻时,要将电枢线圈端部及接头片覆盖,防止铜屑、灰尘侵入电枢内部,加工完毕后用压缩空气做清洁处理。

(3)电刷的使用

①电刷与换向器的工作表面应有良好的接触,电刷压力正常。电刷在刷握内应能滑动自如。电刷磨损或损坏时,应以牌号及尺寸与原来相同的电刷更替之,并且用 0 号砂布进行研磨,砂布面向电刷,背面紧贴换向器,研磨时随换向器做来回移动。

②电刷研磨后用压缩空气做清洁处理，再使电动机做空载运转，然后以轻负荷运转 1 h，对电刷和换向器进行研配，使电刷在换向器上得到良好的接触面。

（4）轴承的保养

轴承在运转时温度太高，或发出有害杂音时，说明可能损坏或有外物侵入，应拆下轴承清洗检查，当发现钢珠或滑圈有裂纹损坏或轴承经清洗后使用情况仍未改变时，必须更换新轴承。轴承工作 2 000~2 500 h 后应更换新的润滑脂，但每年不得少于一次。

（5）绝缘电阻

①应当经常检查电动机的绝缘电阻，如果绝缘电阻小于 1 MΩ 时，应仔细清除绝缘上的污物和灰尘，并用汽油、甲苯或四氯化碳清除之，待其干燥后再涂绝缘漆。

②必要时可采用热空气干燥法，用通风机将热空气（80 ℃）送入电动机进行干燥，开始绝缘电阻降低，然后升高，最后趋于稳定。

（6）通风系统

应经常检查定子温升，判断通风系统是否正常、风量是否足够，如果温升超过允许值，应立即停车检查通风系统。

2. 直流电机的故障处理

直流电机的典型故障及处理方法如表 6-4 所示。

表 6-4 直流电机的典型故障及处理方法

故障现象	可能原因	处理方法
发电机电压不能建立	1. 剩磁消失； 2. 励磁绕组接反； 3. 旋转方向错误； 4. 励磁绕组断路； 5. 电枢短路； 6. 电刷接触不良； 7. 磁场回路电阻过大	1. 用直流电通入并励绕组，产生磁场； 2. 纠正接线； 3. 改变旋转方向（按箭头所示方向）； 4. 检查励磁绕组及磁场变阻器之间的连接是否松脱或接错，磁场绕组或变阻器内部是否断路； 5. 检查换向器表面及接头是否有短路处，用毫伏表测试电枢绕组是否短路； 6. 检查刷握弹簧是否松弛或改善接触面； 7. 检查磁场变阻器和励磁绕组电阻大小并检查接触是否良好
发电机电压过低	1. 并励磁场绕组部分短路； 2. 转速太低； 3. 电刷不在正常位置； 4. 换向片之间有导电体； 5. 换向极绕组接反； 6. 串励磁场绕组接反； 7. 过载	1. 分别测量每一绕组的电阻，修理或调换电阻特别低的绕组； 2. 提高转速至额定值； 3. 按所刻记号调整位置； 4. 清除杂物； 5. 试验换向极极性； 6. 正确接线； 7. 减少负载

（续表）

故障现象	可能原因	处理方法
磁场绕组过热	1. 电动机励磁电流超过规定值（常因低速引起）； 2. 电动机端电压长期超过规定值； 3. 发电机气隙太大； 4. 发电机转速太低； 5. 并励绕组匝间短路； 6. 复励发电机负载时电压不足，调整电压后励磁电流过大	1. 恢复励磁电流； 2. 恢复额定电压； 3. 调整气隙； 4. 提高转速； 5. 检查并排除故障； 6. 该发电机串联励磁绕组极性接反，应重新接线
电动机不能启动	1. 无电源； 2. 过载； 3. 启动电流太小； 4. 电刷接触不良； 5. 励磁回路断路	1. 检查线路是否完好，启动器连接是否正常，熔丝是否熔断； 2. 减小负载； 3. 检查所用启动器是否合适； 4. 检查刷握弹簧是否松弛或改善接触面； 5. 检查变阻器及磁场绕组是否断路，更换绕组
电动机带载运行时转速过低	1. 电枢绕组短路； 2. 换向器片间短路； 3. 电刷位置不正确； 4. 换向极极性接错（同时有黄色火花）	1. 检查电枢绕组短路故障，如发现端部有放电穿孔或烧焦痕迹，可确定电枢烧坏，常需重新嵌线； 2. 查看换向器片，清理片间残留的焊锡、铜屑、毛刺等； 3. 调整刷杆位置； 4. 检查纠正换向极极性
电动机转速不正常	1. 电动机转速过高，且有剧烈火花； 2. 电刷不在正常位置； 3. 电枢及磁场绕组短路； 4. 串励直流电动机轻载或空载运转； 5. 串励磁场绕组接反； 6. 磁场回路电阻过大	1. 检查磁场绕组与启动器（或调速器）连接是否良好，是否接错，磁场绕组或调速器内部是否断路； 2. 按所刻记号调整位置； 3. 检查是否短路（磁场绕组须每极分别测量电阻）； 4. 增加负载； 5. 正确接线； 6. 检查磁场变阻器和励磁绕组电阻，并检查接触是否良好

（续表）

故障现象	可能原因	处理方法
换向火花过多	1. 全部换向极绕组或补偿绕组极性接错（电刷下有耀眼黄色“响声状”火花）； 2. 部分换向极绕组或补偿绕组极性接错（电刷下有黄色舌状火花）； 3. 换向极气隙过大（电刷下滑出边有火花），或过小（电刷下滑入边有火花）； 4. 换向极第二气隙不符合规定（重载及负载变化时才有火花）； 5. 换向极绕组、补偿绕组匝间短路； 6. 电枢绕组断线（换向器一圈绿色环状火花，片间云母有放电烧伤痕迹）； 7. 电枢绕组与换向片有局部脱焊； 8. 换向片松动凸出（可看出凸片发亮，凹片发黑，严重时听到啪啪撞击电刷声及看到电刷边碰撞）； 9. 换向器表面粗糙，或表面有油污； 10. 换向器云母片凸出或沟槽积有炭粉； 11. 换向极绕组匝数不符合要求； 12. 换向极绕组短路； 13. 电刷磨损过度； 14. 电刷牌号不符合要求； 15. 电刷在刷握内过紧或过松； 16. 电刷与换向器表面接触不良； 17. 电刷压力偏小； 18. 电刷在换向器圆周上分布不均或位置不符； 19. 刷杆偏斜； 20. 机身振动，有时在换向器表面出现规律性的黑痕； 21. 过载或负载波动过分剧烈； 22. 转速过高	1. 检查并纠正换向极绕组或补偿绕组极性； 2. 检查并纠正换向极绕组或补偿绕组极性； 3. 按规定值调整气隙，有时需要通过实际试运行选择最合理的气隙； 4. 按规定值及规定材质（黄铜、铅、层压极）调整第二气隙； 5. 检查换向极绕组、补偿绕组匝间短路故障，更换绕组； 6. 修理断线处； 7. 用毫伏表检查换向片间电压，重新焊好； 8. 在冷、热两种状态下紧固换向器的螺帽或拉紧螺栓、重新车削换向器工作面，挑沟、倒棱、研磨、光洁； 9. 研磨换向器工作面，必要时重新精车； 10. 挑沟、倒棱、研磨、光洁； 11. 匝数相差太多需补偿，相差不多可调整换向极气隙； 12. 用电桥测量，如短路应衬垫绝缘或重新绕制； 13. 更换电刷； 14. 按技术要求更换电刷； 15. 磨制合适电刷或修理刷握，使电刷在刷握里自由滑动； 16. 用砂纸研磨电刷使之与换向器表面吻合； 17. 调整弹簧压力； 18. 校正电刷位置； 19. 利用换向片或云母槽作标准调整刷杆与换向器的平行度； 20. 校正电枢平衡，紧固底座，清除振动； 21. 恢复正常负载； 22. 恢复正常转速
其他	1. 机壳漏电； 2. 并励（带有少量串励稳定绕组）电动机启动时反转，启动后又变为正转； 3. 轴承漏油；	1. 电动机绝缘电阻过低，用 500 V 兆欧表测量绕组对地绝缘电阻，如低于 0.5 MΩ，应加以烘干；出线头碰壳，出线板或绕组某处绝缘损坏需修复；接地装置不良，需修理； 2. 串励绕组接反，互换串励绕组两个出线头； 3. 润滑脂加得太满（正常约为轴承室 2/3 的空间）或所用润滑脂质地不符合要求，需更正；轴承温度过高（轴承如有不正常噪声应取出清洗检查换油，如钢珠或钢圈有裂纹，应予更换）

第七节 船舶电力推进简介

电力推进是船舶推进方式之一，它由电动机驱动螺旋桨工作。船舶电力推进发展已有近百年历史。在20世纪30年代出现过一个发展高峰，但由于交流调速技术限制，推进系统多采用直流电力推进技术，但直流电机存在结构相对复杂、体积及重量大，维护管理要求高，并存在功率和转速限制等局限，使其应用仅限在某些工程船舶或潜艇上。但随着电力电子技术的迅速发展，大功率交流电机变频调速技术日臻成熟，基于晶闸管整流和IGBT器件方案的船舶电力推进技术迅速发展，同时数字控制技术的进步使系统可靠性、运行效率及推进功率等方面有突破，船舶电力推进领域不断扩大，进入21世纪以来船舶电力推进除应用于破冰船、海洋辅助工作船、科考船、测量船、火车渡轮、挖泥船等，还将应用范围扩大到油船、集装箱船及邮轮等大中型常规船舶及军舰。

一、船舶电力推进特点

1. 经济性好及螺旋桨推进效率高

当选用多台柴油机作为发电机的原动机时，可以根据用电负荷选择发电机运行台套数，使发电机组处于高效工作区，SIMENS公司有统计数据表明，同功率的船舶采用电力推进要比内燃机直接推进耗油减少约10%，航速可提高0.5 kn。

2. 操纵性和机动性好

由于推进电机转速易于控制，且正、反转各种转速下能提供恒定转矩，能得到最佳的工作特性，使船舶操纵性能和机动性能得以提高。

3. 安全性和可靠性好

电力推进使用多台原动机，单个机组出现故障并不会使全船丧失动力，推进系统也多采用两套互为备用，在某些推进系统中还使用两套独立定子绕组方式，一组故障还可减载运行，这些方式有利于提高推进系统的安全性及可靠性。

4. 可降低船舶噪声

电力推进系统省去传动轴系，且除电动机到推进器部分外，电力推进系统各部分可灵活安装，动力装置与推进器驱动之间没有机械连接，发动机和发电机的振动和噪声有条件地有效隔离。

5. 可适应环保要求

燃油消耗量的减少，以及电力推进系统中的发电机可保持恒速工况，且有条件地维持单机在额定工况点附近工作，都有利于减少废气的排放。

6. 可节省船舶空间

传统船舶由于轴系、减速齿轮箱等机械连接，安装位置要求固定，电力推进系统采用电气连接后，原动机可灵活布置，增加动力装置布置的合理性。

二、船舶电力推进系统的组成

船舶电力推进系统作为一种全新的系统，主要由发电系统、配电系统、变频系统和推进单元组成。从组件来说其主要有原动机、发电机、配电板、变压器、变频器、电动机、螺旋桨、控制系统等，如图 6-17 所示。

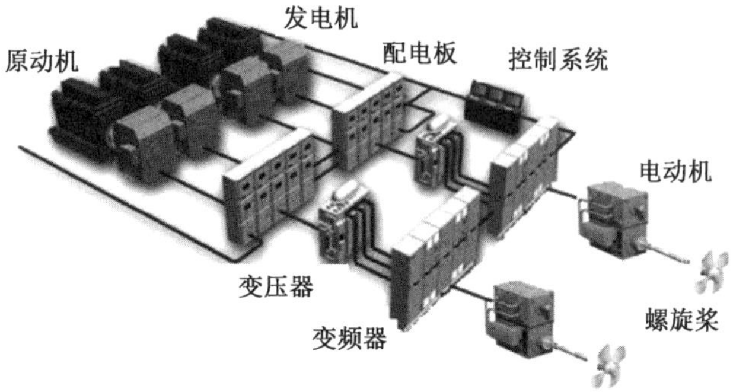

图 6-17　船舶电力推进系统结构图

三、船舶电力推进系统的形式

船舶电力推进系统可根据主回路电流种类、系统调节原理、推进装置功能、原动机类型或推进电机的布置型式等进行分类。下面就以推进电机的布置型式分类做一介绍。

水平轴系：将推进电机与船舶尾轴相连，带动螺旋桨旋转，这种方式与传动主机推进类似，但是取消中间轴。推进电机可选用变频调速电动机来满足船舶变速的要求。这种结构形式具有简单可靠、维修保养要求低及能量传输效率高等特点。

Z 型全回转电力推进：Z 型全回转电力推进装置是将桨和舵组合为一体，螺旋桨可以通过旋转机构在水平方向任意角度旋转，从而可在任何方向上产生推力。电动机可以垂直安装并通过 L 型齿轮传动或者水平安装通过 Z 型齿轮传动，采用变速电动机和定距桨组合的推进方式。这种推进装置的结构形式特点为推进与转舵合二为一，推进损失较小，机械结构简单。

吊舱式电力推进：吊舱式电力推进装置将变速电动机放在吊舱内，电动机轴直接连接定距桨，整个吊舱位于船体的外侧，推进电机定子嵌装于吊舱内。该系统的操纵性能好，推进效率较高，而且由于不需要轴系、舵等设备，节省大量空间，还有利于降低振动和噪声，增加机动性能，利于安装。吊舱式电力推进系统是如今比较先进的一种电力推进方式。

第八节 其他用电设备

船舶照明通常包括确保航行安全和人员安全照明（如航行灯、信号灯、救生艇区域照明）、船舶工作场所照明（如驾驶台、机舱和甲板装卸照明）以及生活区域照明等。

船舶照明系统一般按照功能或供电方式可分类如下：

一、按功能分类

室内照明：舱室主体照明、局部辅助照明、娱乐美化气氛照明。
室外照明：室外通道照明、室外工作照明（甲板照明）。
探照灯和投光灯。
航行信号灯。

二、按供电方式分类

正常照明：船舶主电源供电的系统。
应急照明：船舶应急电源供电的系统，应急电源可为应急发电机组或蓄电池组。
临时应急照明：俗称小应急照明，蓄电池组供电，供电时间不小于半小时。
航行信号灯：船舶主电源和应急电源两路供电。

三、船舶照明灯具及电光源

船舶照明灯具及电光源既是用电设备也是船舶照明系统最基本的组成部分。由于船舶环境条件苛刻，因此船舶照明灯具除要求较高的可靠性外，还必须有安全机械防护性能。根据使用环境不同，船舶灯具可分为以下几种类型。

（1）防护型：适用于环境条件较好且干燥的舱室。如船员和旅客的起居室、休息室、餐厅、驾驶台、海图室、内走廊等处所。

（2）防溅型：适用于有水溅的处所，如外走廊等。

（3）防水型：适用于高湿度和可能受到水冲击的处所，如机炉舱、冷藏舱、轴隧、管隧、浴室、露天甲板等。

（4）防爆型：适用于可能积聚易燃、易爆气体的危险区域及装有易燃性物体和存在爆炸性气体的舱室，其密封性能最好。如船舶蓄电池室、油漆间及油船根据相关规则划定的危险区域。

船舶照明电光源可分为热辐射光源和气体放电光源两大类。前一类常用的有白炽灯、卤钨灯等，后一类有荧光灯、高压汞灯、高压钠灯等。

1. 热辐射光源

（1）白炽灯

白炽灯是最普通的照明电光源，它依靠电流通过螺旋状的钨丝产生大量热，使灯丝温度升高到白炽程度而发光。白炽灯结构简单、能瞬时点燃、无频闪、可调光、使用可靠、价格低廉、相应的电路简单，在照明系统中得到了广泛应用。其主要缺点是发光效率较低、寿命较短。

白炽灯泡由灯丝、波壳和灯头三部分组成。为了减少前述两种缺点的影响，40 W 以下的灯泡波壳内抽成真空，以减少热量损耗；40 W 或以上的灯泡内充氩气或氮气，以减少钨丝蒸发，延长灯泡使用寿命。

船用白炽灯灯丝稍粗，具有较高的机械强度及耐潮性。除普通照明光源外，船舶航行灯、信号灯和应急照明灯都采用白炽灯，因为它不会因电源电压降低而熄灭。便携灯和大部分控制系统指示灯也采用白炽灯。白炽灯灯头有插(卡)口和螺口两种型式，如图 6-18 所示。航行灯多用插口型灯头，功率超过 300 W 的白炽灯一般采用螺口型灯头，增大导电接触面积，提高防振性能。

图 6-18 白炽灯泡

白炽灯的规格很多，按工作电压，可分为 6 V、12 V、24 V、36 V、110 V 和 220 V 六种。白炽灯的功率有 25 W、40 W、60 W、100 W、300 W、500 W 等多种功率，使用时，必须注意灯泡工作电压与线路电压一致、灯泡功率与灯具功率一致。一般白炽灯的寿命为 1 000 h 以上，但如电压不稳、开关次数频繁、散热不良和剧烈振动都会影响白炽灯的寿命。如电压超过额定电压 5%，寿命减少 25%；电压低于额定电压 5%，寿命虽然有所增加，但其光通量减少 18%。

(2)卤钨灯

为克服普通白炽灯发光效率较低、寿命较短的缺点而出现了卤钨灯。双端型卤钨灯的结构如图 6-19 所示。

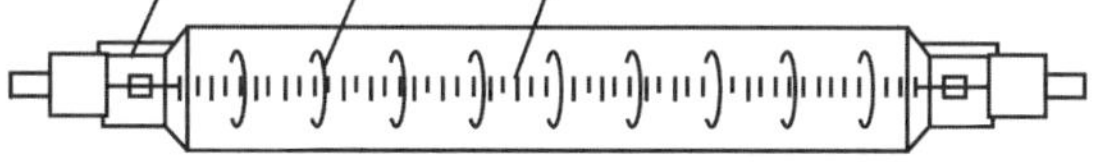

图 6-19 双端型卤钨灯的结构

在耐高温的石英玻璃灯管内加入微量的卤族元素碘或溴等，并充以较高压力的惰性气体。在高温下卤素与蒸发的钨原子化合成卤化钨，然后再回到灯丝附近时被那里的高温分解成为钨和卤原子，形成循环，从而抑制了钨原子向管壁的沉积，抑制了管壁的黑化。另外，由于灯管内惰性气体压力很高，抑制了钨丝的蒸发，延缓了灯丝的变细速度，延长了使用寿命。

卤钨灯尺寸较小，机械强度高，耐压增加。它的发光效率约为普通白炽灯的 2 倍，额定寿命可达 2 000 h，卤钨灯适用于要求高照度、空间开阔的场所，例如机舱上部、辅机平台和甲板等处所的集中照明。

2. 气体放电光源

(1)荧光灯(日光灯)

荧光灯灯管抽真空后充入少量的氩气和水银，灯管内部有荧光物质，灯管内部两端灯丝涂有发射电子的阴极物质，它是一种预热式低压汞蒸气放电灯，荧光灯结构图如图 6-20 所示。

荧光灯工作原理：如图 6-21 所示，当灯开关接通的时候，电源电压立即通过镇流器和灯管灯丝加到启辉器的两极。电源电压立即使启辉器的惰性气体电离，产生辉光放电。辉光放电的热量使启辉器内双金属片受热膨胀，促使动、静触片接通，于是镇流器线圈和灯管中的灯丝

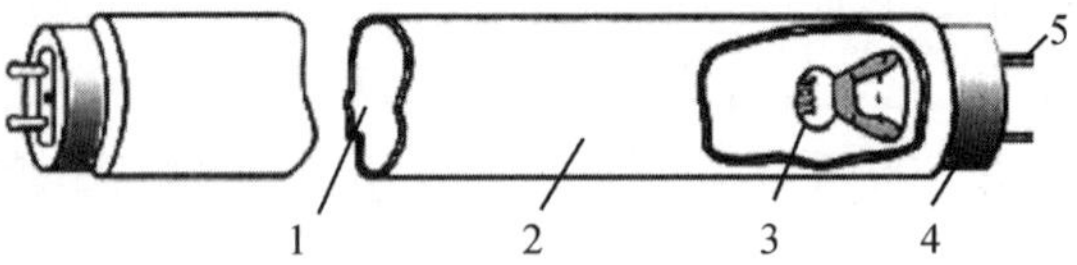

图 6-20　荧光灯结构图

1—内部荧光粉；2—玻璃管；3—灯丝；4—灯头机壳；5—灯脚

就有电流流过，该电流使灯丝受热，发射出大量电子，这就是预热阶段。启辉器动、静触片接通，其两极间电压降为零，辉光放电消失，管内温度降低，双金属片自动复位，两极断开。在两极断开的瞬间，镇流器通过电流突变，线圈上产生很大的自感电动势，它与电源电压叠加后在灯管两端形成很高的电压。在此高电压作用下，管内由灯丝受热释放的大量电子，电子以极大的速度由低电势端向高电势端运动。在加速运动的过程中，碰撞管内氩气分子，使之迅速电离。氩气电离生热，热量使水银产生蒸气，随之水银蒸气也被电离，并发出强烈的紫外线。在紫外线的激发下，管壁内的荧光粉发出近乎白色的可见光。

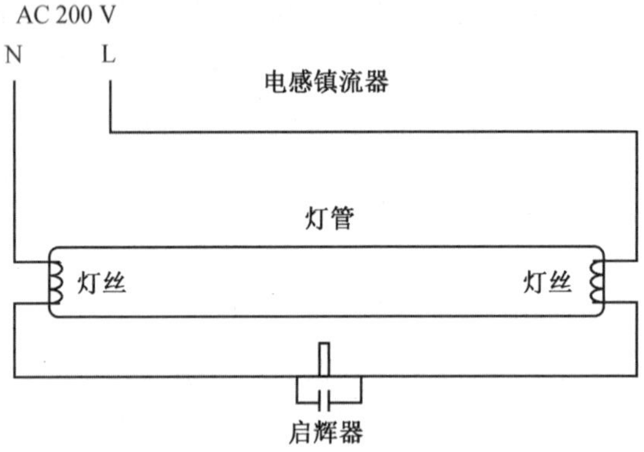

图 6-21　荧光灯启动电路

荧光灯正常发光后，由于交流电不断通过镇流器的线圈，线圈中产生自感电动势，自感电动势阻碍线圈中的电流变化，镇流器就起到降压、限流两个作用，使电流稳定在灯管的额定电流范围内，灯管两端电压也稳定在额定工作电压范围内，由于工作电压低于启辉器的电离电压，所以并联在两端的启辉器也就不再起作用了。

荧光灯具有光效高、寿命长、表面温度低、光通分布均匀的特点，目前几乎所有船舶舱室内的主照明采用荧光灯。比如船员舱室照明灯、棚顶灯和壁灯等多使用荧光灯。

（2）高压汞灯

高压汞灯的结构和原理图如图 6-22 所示。耐高温的石英玻璃管被封装在硬质玻璃外泡内。放电管内有两个自热式主电极和一个串有限流电阻的辅助电极，管内充有适量的汞和氩气。工作时灯管壁温度很高，汞蒸气压力较高（2～6 bar），故称为高压汞灯。接通电源后首先引起辅助电极与其较近的主电极之间发生辉光放电，产生电子和离子，并很快撞到两主电极之间的惰性气体放电，发出白色辉光。随着放电的加热作用和汞蒸气压力升高，使汞蒸气成为放电的主要因素，从启动到稳定工作需要约 4～8 min。

高压汞灯光效高、寿命长、成本低、耐振及不受户外恶劣气候影响，适用于大面积场所（比如船舶机舱）及舱面装卸作业用照明。但由于高压汞灯受电压影响较大，短暂的突然电压降

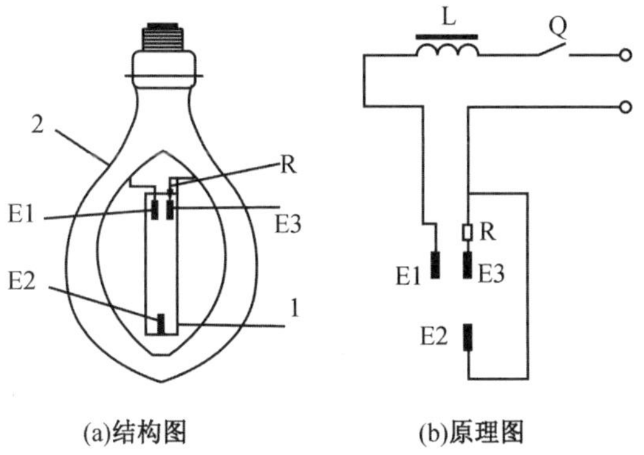

图 6-22 高压汞灯结构和原理图

1—放电管;2—玻璃外壳;E1、E2—主电极;E3—引燃电极

低超 5%就可能自行熄灭,且重新恢复点燃还需 5~10 min,因此开关频繁场所高压汞灯不适用。

(3)高压钠灯

高压钠灯在结构上与高压汞灯类似,放电管内两端各有一个工作电极,但没有辅助电极,管内抽真空后充汞、氩气及较多的钠。管内以钠蒸气放电为主,发出金黄色光。高压钠灯发光效率高、省电、光透雾能力强,也适宜作甲板舱面作业和机舱照明灯具。

第九节 实操训练

实训一:电动机 Y/△接线

一、任务要求

掌握三相异步电动机的 Y-△降压启动电路的原理。

二、任务准备

三相异步电动机、配电盘、接触器、刀开关、时间继电器、热继电器、按钮、组合开关、接线排、熔断器、万用表、螺丝刀、尖嘴钳、剥线钳、接线端子及导线若干。

三、任务实施

1. Y-△降压启动电路的原理

对额定运行时定子绕组为△形连接且容量较大的三相异步电动机来说,为了降低电动机启动电流,可采用 Y-△降压启动方法。若电动机启动时其定子绕组采用 Y 形连接,此时电动机每相绕组所加电压是△形接法时每相绕组所加电压的 $1/\sqrt{3}$，以线电压 380 V 为例，Y 形连接时绕组电压为 220 V，启动电流为△形连接直接启动的 1/3，能达到降低启动电流的目的，但值得注意的是，降低启动电流的同时，其启动转矩也只有△形连接启动转矩的 1/3，因此这种启动方法适用于轻载或空载使用。

工作过程为：如图 6-23 所示，当 QS 闭合，主电路及控制电路均接通，按下启动按钮 SB2，此时接触器 KM1、KM2 线圈通电，两个接触器常开主触头闭合，电动机开始启动且处于 Y 形连接状态，KM2 的一副常闭辅触头断开使得接触器 KM3 线圈保持失电状态，避免接触器 KM2、KM3 同时接通而引发可能的短路，同时时间继电器 KT 线圈通电开始计时，经过设定 Y 形连接启动时间，等位点 5、6 间的延时断开触头动作，断开 KM2 的电源，等位点 7、8 间的延时闭合触头动作接通 KM3 的电源，此时 KM1 及 KM3 的线圈处于通电状态，其相应的常开主触头闭合，电动机进入△形连接的正常工作状态。

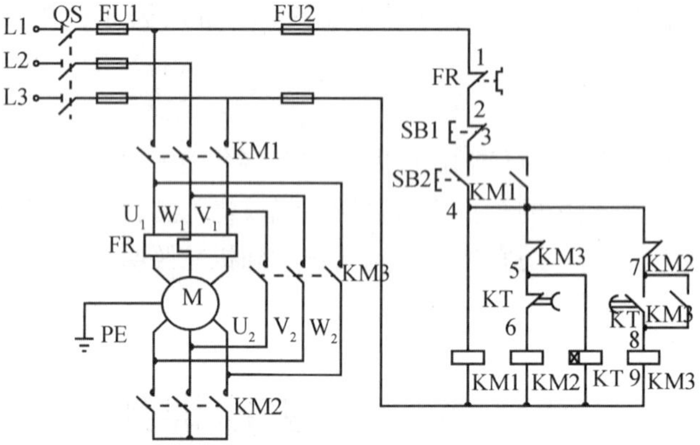

图 6-23　Y-△降压启动电路原理图

2. 接线前准备

（1）保持安全用电环境。

（2）认识电动机接线盒内接线端子含义及对应 Y-△连接位置，如图 6-24 所示。

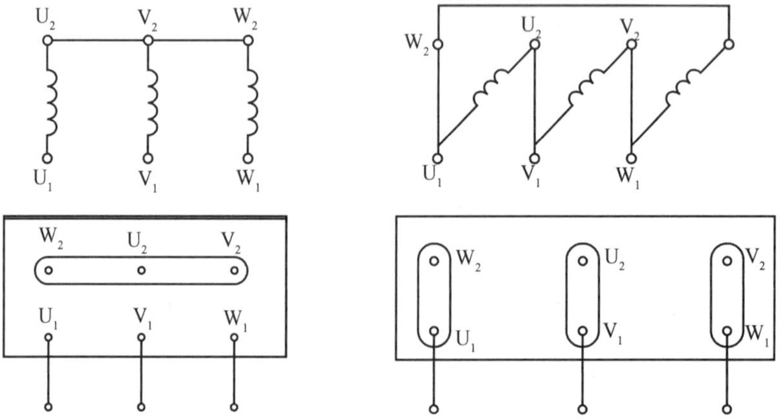

(a) 接线盒内 Y 形连接　　(b) 接线盒内△形连接

图 6-24　接线盒

3. **电路安装**

(1)电气控制线路的安装工艺及要求

①安装前应检查各元件是否良好。

②合理布置电器件位置并紧固。

③导线连接可用单股线(硬线)或多股线(软线)连接。用单股线连接时,要求连线横平竖直,沿安装板走线,尽量少出现交叉线,拐角处应为直角。布线要美观、整洁、便于检查。用多股线连接时,安装板上应搭配有行线槽,所有连线沿线槽内走线。

④导线线头裸露部分不能超过 2 mm。

⑤每个接线柱不允许超过两根导线,导线与元件连接要接触良好,以减小接触电阻。

⑥导线与元件连接处是螺丝的,导线线头要沿顺时针方向绕线。

(2)控制电路的安装方法与步骤

①阅读原理图:明确原理图中的各种元器件的名称、符号、作用,理清电路图的工作原理及其控制过程。

②选择元器件:根据电路原理图选择组件并进行检验,包括组件的型号、容量、尺寸、规格(比如接触器线圈电压等级是否一致等)、数量等。

③恰当选择需要的工具、仪表和导线。按控制电路的要求配齐工具、仪表,按照控制对象选择合适的导线,包括类型、颜色、截面积等。主电路 U、V、W 三相分别使用黄、绿、红三种颜色导线,中性线(N)用蓝色或黑色导线。

安装电气控制线路:根据电路原理图,对所选组件(包括接线端子)进行安装接线。接线可遵循先主电路后控制电路的顺序,还要注意组件上的相关触头的选择,区分常开、常闭、主触头、辅助触头。控制板的尺寸应根据电器的安排情况决定。导线线号的标志应与原理图和接线图符合。

④连接电动机及保护接地线、电源线及控制电路板外部连接线。

4. **电路检查**

接线完成后,对照原理图检查各个元件的代号、标记是否与原理图上的一致和齐全,控制电路是否满足原理图所要求的各种功能,确认连接电路中无漏接、错接和短接等情况,检查接线端连接是否牢固,布线是否符合要求、整齐。在未通电的情况下,用万用表对控制电路及主电路进行连接点通断检查。在通断检查时避免受到并联支路或其他回路的影响,保证检查的准确性。检查完成后报告指导老师,待老师确认后才能进行通电试车。

通电试车时,如果出现冒烟、不能启动等异常现象,需切断电源,然后查找原因,故障排除后再通电试车。

实训二:三相异步电动机铭牌参数及含义

一、任务要求

掌握三相异步电动机铭牌参数及含义。

二、任务准备

三相异步电动机的各类铭牌。

三、任务实施

1. 讲解三相异步电动机铭牌中的重要参数。

2. 学生分组对各类铭牌参数进行识别。

电动机的铭牌所标注的各种数据是其使用和维修的依据。通常铭牌上标注电动机型号、额定功率、额定电压、额定频率、绝缘等级、防护等级、功率因数及工作制等信息。为了准确识别常用电动机铭牌上各个内容的含义，现以图 6-25 为例就以上各参数做详细说明。

三相异步电动机			
型号：Y112M-4		编号	
4.0 kW		8.8 A	
380 V	1 440 r/min		LW 82 dB
接法 △	防护等级 IP44	50 Hz	45 kg
标准编号	工作制 SI	B级绝缘	2000年8月

图 6-25 某三相异步电动机铭牌

（1）型号：铭牌中 Y112M-4 为该电动机型号。其中字母“Y”表示 Y 系列鼠笼式异步电动机，若为“YR”表示绕线式异步电动机，若为“YB”表示防爆型异步电动机，若为“YQ”表示高启动转矩电动机。数字“112”单位为 mm，表示轴承中心到机座底部的垂直距离，也称为中心高度。字母“M”表示机座长度类别（S 表示短号、M 表示中号、L 表示长号）。数字“4”表示定子磁极数，这里表示该电动机为 4 极电动机。

（2）额定功率：电动机在额定状态下运行时，其轴上所能输出的机械功率，单位用 kW 表示，此铭牌标记额定功率为 4.0 kW。

（3）额定电流：电动机加以额定电压，在其轴上输出额定功率时，定子绕组的线电流，单位用 A 表示，此铭牌标记额定电流为 8.8 A。

（4）额定电压：电动机在额定运行状态下，电动机三相定子绕组上所加的线电压值。一般中小型三相异步电动机额定电压为 380 V，铭牌中 Y 系列电动机的额定电压都是 380 V。

（5）额定转速：电动机在额定电压、额定频率和额定负载状态下，电动机转轴上的转速，单位为 r/min，此铭牌标记额定转速为 1 440 r/min。

（6）LW 值：LW 值指电动机的总噪声等级。LW 值越小表示电动机运行的噪声越低，单位为 dB，此铭牌标记 LW 值为 82 dB。

（7）绕组接法：普通三相电动机接线方法有 Y 形接法和△形接法两种。需要注意同一电机使用不同连接方法时，其使用的电压应不同，比如铭牌上标明接法为 Y/△时，额定电压为 380/220 V，此铭牌标记接法为△形连接。

（8）防护等级：指防止人体接触电动机转动部分、电动机内带电体和防止固体异物进入电动机内的防护等级。防护等级用 IP 后跟两个数字表示。IP 为特征字母，为“INGRESS PROTECTION”的缩写。第一位数字表明设备抗微尘的范围，代表防止固体异物进入的等级，最高级别是 6;第二位数字表明设备防水的程度,代表防止进水的等级,最高级别是 9,此铭牌标记防护等级为 IP44。IP 后两个数字具体对应的防护等级如表 6-5 和 6-6 所示。

(9)工作制:指电动机的运行方式,总计有 S1~S10 十种方式。常用的工作制为 S1、S2、S3 三种方式。S1 工作制为连续工作制,S2 工作制为短时工作制,S3 工作制为断续周期工作制。此铭牌标记工作制为 S1,即连续工作制。

(10)额定频率:电动机在额定运行状态下,定子绕组所接电源的频率,叫作额定频率。我国规定的额定频率为 50 Hz。

(11)绝缘等级:相应绝缘等级代表其能承受的最高温升,其相互对应关系见相应章节内容。

表 6-5 IP 后第一位数字含义(防尘等级)

数字	防护范围	说明
0	无防护	对外界的人或物无特殊的防护
1	防止直径大于 50 mm 的固体外物侵入	防止人体(如手掌)因意外而接触电器内部的零件,防止较大尺寸(直径大于 50 mm)的外物侵入
2	防止直径大于 12.5 mm 的固体外物侵入	防止人的手指接触电器内部的零件,防止中等尺寸(直径大于 12.5 mm)的外物侵入
3	防止直径大于 2.5 mm 的固体外物侵入	防止直径或厚度大于 2.5 mm 的工具、电线及类似的小型外物侵入而接触电器内部的零件
4	防止直径大于 1.0 mm 的固体外物侵入	防止直径或厚度大于 1.0 mm 的工具、电线及类似的小型外物侵入而接触电器内部的零件
5	防止外物及灰尘	完全防止外物侵入,虽不能完全防止灰尘侵入,但灰尘的侵入量不会影响电器的正常运作
6	防止外物及灰尘	完全防止外物及灰尘侵入

表 6-6 IP 后第二位数字含义(防水等级)

数字	防护范围	说明
0	无防护	对水或湿气无特殊的防护
1	防止水滴浸入	垂直落下的水滴(如凝结水)不会对电器造成损坏
2	倾斜 15°时,仍可防止水滴浸入	当电器由垂直倾斜至 15°时,滴水不会对电器造成损坏
3	防止喷洒的水浸入	防雨或防止与垂直的夹角小于 60°的方向所喷洒的水侵入造成损坏
4	防止飞溅的水浸入	防止各个方向飞溅而来的水侵入电器而造成损坏
5	防止喷射的水浸入	防持续至少 3 min 的低压喷水
6	防止大浪浸入	防持续至少 3 min 的大量喷水
7	防止浸水时水的浸入	在深达 1 m 的水中防 30 min 的浸泡影响
8	防止沉没时水的浸入	在深度超过 1 m 的水中防持续浸泡影响。准确的条件由制造商针对各设备制定

第七章 船舶常用低压电气设备

第一节 常用控制电器(二、三类轮机员)

继电-接触器控制是电力系统中最基本、最简单的控制方法。尽管继电器、接触器存在着工作频率低、动作次数受限制、触头易受电弧损伤和需要经常维修等缺点,但是由于这种控制具有结构简单、造价低、调整维修容易、抗干扰力强等优点,在船舶电力拖动的控制中,仍是最基本的和占主导的。本章中将主要讲述继电-接触器控制中常用的电器元件和基本控制线路。

一、主令电器

主令电器在电气控制系统中是一种发布命令、直接或通过电磁式电器间接作用于控制电路的电器。船舶电力拖动系统中常用于电动机的启动、停车、调速及制动等。常用的主令电器有:控制按钮、行程开关、主令控制器、接触器以及接近开关、万能转换开关等。

1. 控制按钮

控制按钮是一种结构简单、应用广泛的手动电器。在低压控制系统中,手动发出控制信号,用于接通或断开控制电路,控制按钮所通过的电流很小,仅用于提供信号。它的作用是控制接触器、继电器等电器动作。

控制按钮由按钮帽、弹簧、静触头和动触头组成。控制按钮的结构示意图及图形符号如图7-1所示。

控制按钮有自保持和自复位两种。自保持按钮当按下按钮后通过内部电磁或机械结构作

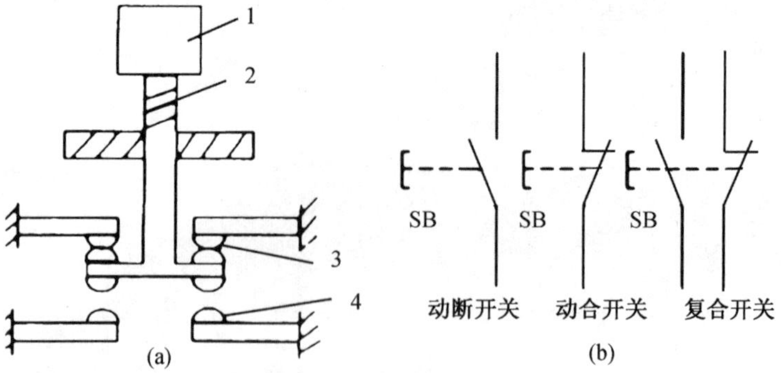

图 7-1　按钮开关结构示意图及图形符号

1—按钮帽；2—弹簧；3—动触头；4—静触头

用，在撤去外力时，按钮不能自动复位，继续保持动作状态。自复位按钮在外力撤去后，按钮在弹簧的作用下将恢复原位断电。

2. 行程开关

行程开关常用作检测元件，用于需要控制或检测运动器件的位置。行程开关按其结构分为机械式和电子式。其工作原理与控制按钮类似，区别是行程开关的推杆或其他机械装置是在机械的碰撞下动作，而不是手动操作。行程开关装在运动部件到达的既定位置，运动部件会碰撞行程开关，驱动行程开关动作。行程开关的种类很多，机械式的有直杆式、直杆滚动式、转臂式等。行程开关的结构示意图及图形符号如图 7-2 所示。

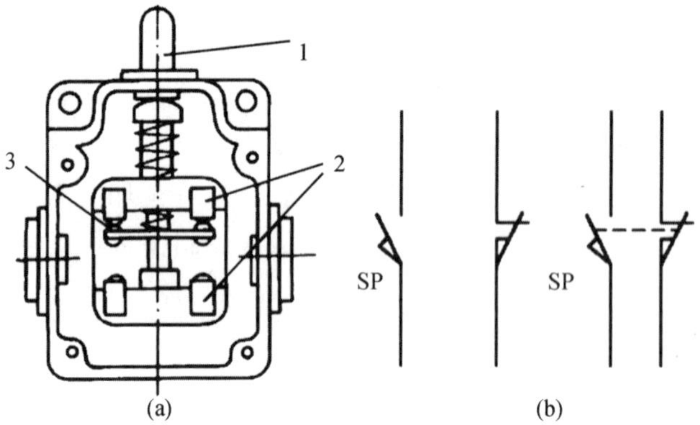

图 7-2　行程开关结构示意图及图形符号

1—顶杆；2—静触头；3—动触头

3. 主令控制器

主令控制器是用来按顺序频繁切换多个控制电路的主令电器。用它在控制系统中发布指令，通过接触器实现对电动机的启动、反转、制动和调速等。船舶上主令控制器广泛用于三速电动锚机和电动起货机的电力拖动系统。

主令开关结构示意图及电路中图形符号如图 7-3 所示，由底座、支架和支架上安装的动、静触头及凸轮盘组成的接触系统组成。

主令控制器是利用凸轮动作原理做成的。凸轮片 7 安装在方形转轴 1 上，方形转轴外接转动手柄，扳动手柄凸轮片跟着转动。当凸轮片上凸角碰到支架 6 上的小轮 8 后驱动支架绕

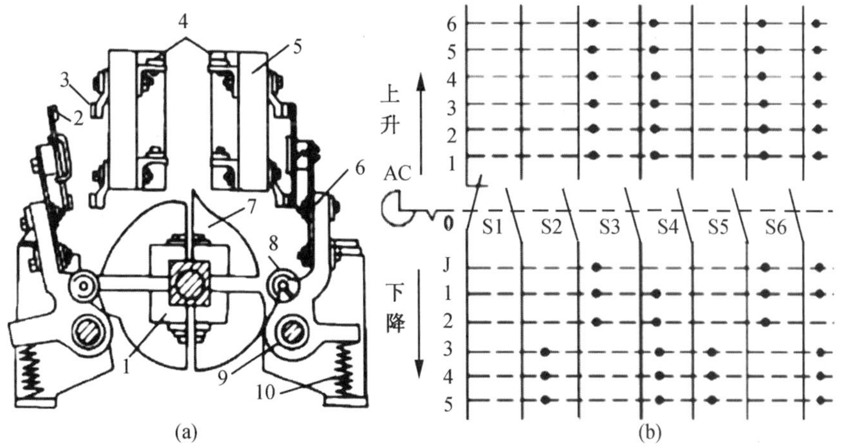

图 7-3 主令开关结构示意图及电路中图形符号

1—方形转轴;2—动触头;3—静触头;4—接线柱;5—绝缘板;6—支架;7—凸轮片;8—小轮;9—转动轴;10—复位弹簧

转动轴 9 偏转,从而使动触头 2 与静触头 3 迅速接通(或断开)。主令控制器在方轴轴线方向上有若干层凸轮片和相应的动、静触头。由于凸轮形状不同或凸角位置不同,所以转动手柄可以使某些触头依次接通或断开,得到不同的触头开关状态。

主令控制器在控制电路中表示方法:图 7-3 给出了具有多个挡位的主令控制器的图示法。图中虚线表示控制手柄的不同挡位,黑点表示手柄扳到对应挡位时对应触头接通。

4. 接触器

接触器常用来频繁地接通或断开电动机或其他设备的主电路。

接触器按动作原理可分为电磁式、气动式和液压式。后两种是特种电器。电磁式接触器又可分为直流和交流两种。

(1)电磁接触器的基本结构和工作原理

从结构上讲,交流接触器和直流接触器主要由触头系统(包括灭弧装置)、电磁机构和释放弹簧等组成。电磁机构由线圈、动铁芯(衔铁)和静铁芯组成,其作用是将电磁能转换成机械能,产生电磁吸力带动触头动作。触头系统包括主触头和辅助触头。主触头用于通断主电路,通常为三对常开触头;辅助触头用于控制电路,起电气联锁作用,故又称联锁触头。容量在 10 A 以上的接触器设有灭弧装置,如灭弧罩等。

如图 7-4 所示为交流接触器的结构示意图。其基本工作原理为吸合线圈通电后,在铁芯中产生磁通及电磁吸力。此电磁吸力克服弹簧反力使得衔铁吸合,带动触头机构动作,常闭触头打开,常开触头闭合,互锁或接通线路。线圈失电或线圈两端电压显著降低时,电磁吸力小于弹簧反力,使得衔铁释放,触头机构复位,断开线路或解除互锁。

(2)接触器的主要技术参数

①额定电压:即主触头额定工作电压,应等于负载的额定电压。一只接触器常规定几个额定电压,同时列出相应的额定电流或控制功率。常用额定电压等级为 220 V、380 V、660 V 等。

②额定电流:即主触头的额定工作电流。它是在一定条件(额定电压、使用类别、额定工作制和操作频率等)下规定的,保证电器正常工作的电流值。

③动作值:可分为吸合电压和释放电压。吸合电压为接触器吸合前,缓慢增加吸合线圈两

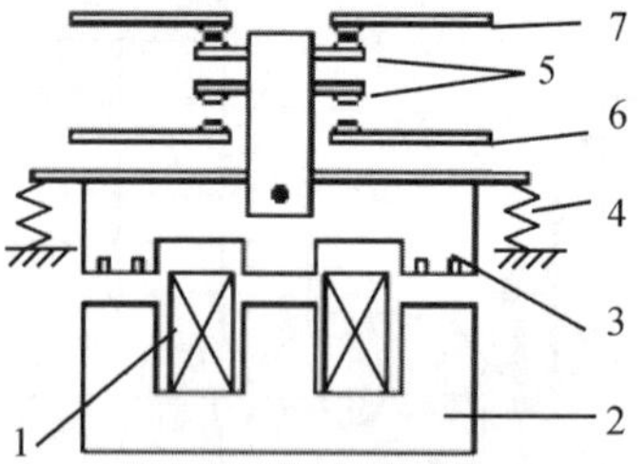

图 7-4　交流接触器结构示意图

1—吸合线圈；2—铁芯；3—衔铁；4—释放弹簧；5—动触头；6、7—静触头

端的电压，接触器可以吸合的最小电压。释放电压为吸合状态下的接触器，缓慢降低吸合线圈的电压，接触器释放时的最大电压。一般规定接触器在线圈额定电压 85%及以上时应可靠吸合，释放电压不高于线圈额定电压的 70%。

④吸合线圈额定电压：即接触器正常工作时吸合线圈的额定工作电压。值得注意的是，该电压值标于线包上，而不是标注于接触器外壳铭牌上。

⑤通断能力：可分为最大接通电流和最大分断电流。最大接通电流指主触头闭合时不会造成触头熔焊的最大电流，最大分断电流指主触头断开时能可靠灭弧的最大电流。

（3）交流接触器图形符号如图 7-5 所示。

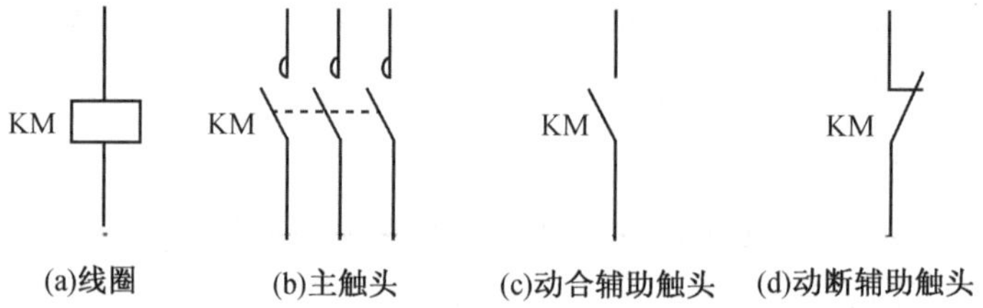

图 7-5　交流接触器的图形符号

二、继电器

继电器是传递信号的一种电器，根据输入电量（如电压、电流及功率等）或者非电量参数（如温度、压力、速度等）的变化，改变输出信号状态（触头的闭合、断开），作用于控制电路，起到控制和保护作用。它与接触器的主要区别在于，接触器的主触头可以通过大电流驱动各种功率元件，而继电器的触头只能通过小电流，所以继电器只能为控制电路提供控制信号。对于小功率器件（数十瓦），可直接使用继电器驱动，如信号灯、小电动机等。

继电器由接收输入信号的测量元件（又称感觉元件）和反映输出信号的执行元件组成。继电器的种类很多，按动作原理可分为电磁式、感应式、机械式、双金属片式、电子式、电动式等；按其输入信号可分为电流继电器、电压继电器、功率继电器、时间继电器、热继电器等。

1. 时间继电器

时间继电器是在电路中控制动作时间的继电器。它的种类很多，可分为电磁式、电动式、电子式和机械式等。下面介绍在船上常用的空气阻尼电磁式时间继电器。

如图 7-6（a）所示为通电延时的空气阻尼交流电磁式时间继电器的结构示意图。它是利用空气阻尼作用而达到动作延时的目的。工作原理如下：当线圈 1 通电后，将衔铁 3 吸上，带动推板 5 上移，推板使微动开关 16 动作，同时活塞杆 6 与推板 5 分离。在塔形弹簧 8 的作用下，活塞杆向上移动，但由于活塞杆末端与橡皮膜 10 相连，且橡皮膜的下腔与进气孔 14 相通，进气孔起到节流的作用，因此当活塞向上移动时，在膜的上下空间形成压差，活塞杆移动受阻，不能迅速上移。当空气由进气孔 14 逐渐进入时，膜的上下腔压差减少，活塞进一步向推板靠近，移动到最后位置时，杠杆 7 使微动开关 15 动作。因此微动开关 15 的动作较吸合线圈通电有时间延迟，该延时时间即为该时间继电器延时动作时间。通过调节螺杆 13 调节进气孔的大小，就可调节延时时间。

这种通电延时时间继电器在微动开关 15 有两个延时触头：一个是延时断开的常闭触头，一个是延时闭合的常开触头。此外在微动开关 16 还有两个瞬时动作触头。线圈断电时，衔铁在反力弹簧 4 的作用下复原，通过推板、活塞杆及杠杆，使各触头迅速恢复原位。

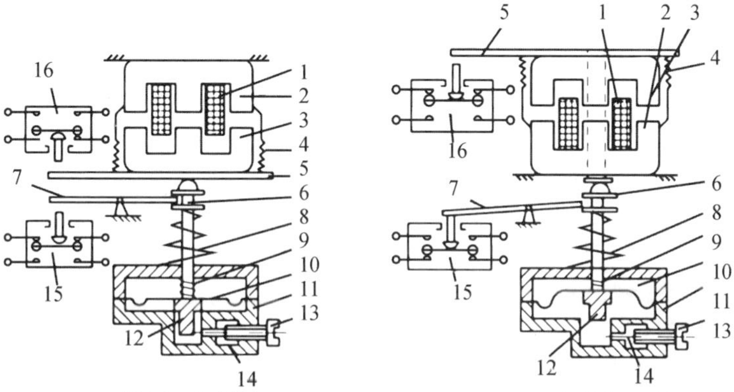

(a)通电延时型　　(b)断电延时型

图 7-6　空气阻尼交流电磁式时间继电器原理示意图

1—线圈；2—铁芯；3—衔铁；4—反力弹簧；5—推板；6—活塞杆；7—杠杆；8—塔形弹簧；9—弱弹簧；10—橡皮膜；11—空气室壁；12—活塞；13—调节螺杆；14—进气孔；15、16—微动开关

若将图 7-6(a)的铁芯与衔铁倒装一下，就成了如图 7-6(b)所示的断电延时继电器。断电延时继电器线圈通电时各触头立即改变开闭状态，当线圈断电时断电动作触头才延时复原，即常开的延时开，常闭的延时闭。时间继电器的图形符号如图 7-7 所示。

2. 速度继电器

按转速大小传递信号的继电器称为速度继电器。按其结构的不同分为感应式、离心式等。感应式速度继电器的结构原理图及图形符号如图 7-8 所示。

转轴 1 与主轴(反映转速的轴)相连，转轴上装有永久磁铁 2、圆环 3 与转轴 1 同心，并能独立转动，圆环上镶有鼠笼式绕组 4。当主轴转动时，带动永久磁铁转动，产生旋转磁场，鼠笼环中产生感应电势及感应电流，感应电流与旋转磁场相互作用而产生电磁转矩(与鼠笼式电动机的转动原理相同)，使得圆环及与之相连的摆锤发生偏转，圆环上的转动力矩与转速成正比，当转速达到速度继电器的动作值时，圆环上固定的胶木摆锤 5 转动足够的角度，推动触头 7 或 8(取决于旋转方向)动作。当转速低于速度继电器的释放值时，触头在反力弹簧和胶木摆锤重力作用下恢复原位。

3. 电磁式继电器

电磁式继电器由电磁铁和触头组成。其动作原理与电磁式接触器相似，通过电磁力和反

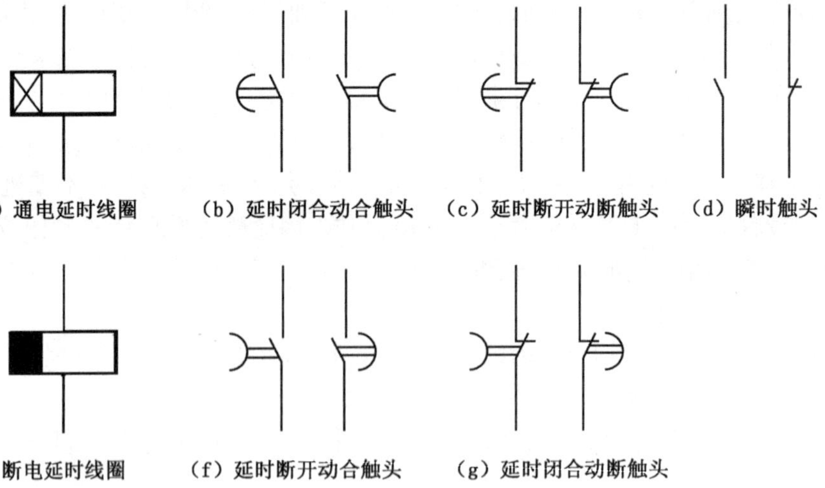

图 7-7　时间继电器的图形符号

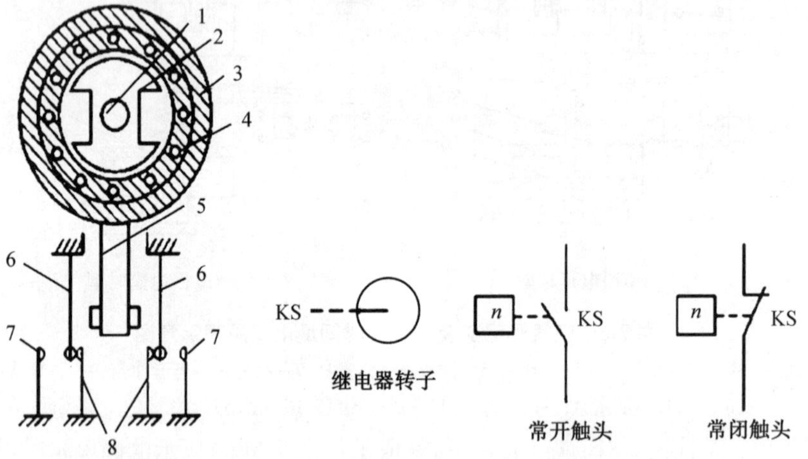

图 7-8　感应式速度继电器的结构原理图及图形符号

1—转轴；2—永久磁铁；3—圆环；4—鼠笼式绕组；5—胶木摆锤；6—簧片；7、8—触头

作用力来决定其衔铁的吸合或释放。与接触器不同的地方是电磁继电器动作灵敏，无主、辅、触头之分。

电压继电器：其电压线圈匝数多、线径细，并联于电路中。正常电压时，衔铁被吸合。当电压低于某一整定值或为零时，衔铁被释放。

电流继电器：其电流线圈匝数少、线径粗，串联于电路中。当电流达到某一整定值时，衔铁被吸合或释放。

中间继电器：是将一个输入信号变为一个或多个输出信号的继电器。其作用是增加触头数量以扩大控制范围；在较复杂的电路中用作程序控制元件。

4. 热继电器

热继电器是利用电流的热效应而动作的电器。它的主要作用是对电动机实现过载保护，以免电动机因长时间超负荷运行而损坏电动机。

如图 7-9 所示为双金属片热继电器结构示意图，双金属片 1、4 由热膨胀系数不同的两种金属材料轧压而成。绕在双金属片上的发热元件 2、3 串联在电动机的主回路中，当通过发热元件的电动机电流超过允许值时，使双金属片受热变形向上弯曲而使导板 5 向右移动，通过推杆 7 将动触头 9 从静触头 8 上跳开，断开控制电路，热继电器的图形符号如图 7-10 所示。

由于热惯性，热继电器不能作短路保护。因为发生短路事故时，要求电路立即断开，而热继电器是不能立即动作的。但是这个热惯性也是符合控制要求的，在电动机启动或短时过载时，热继电器不会动作，这可避免电动机的不必要的停车。热继电器动作后，须经冷却后按下复位按钮才能复位。

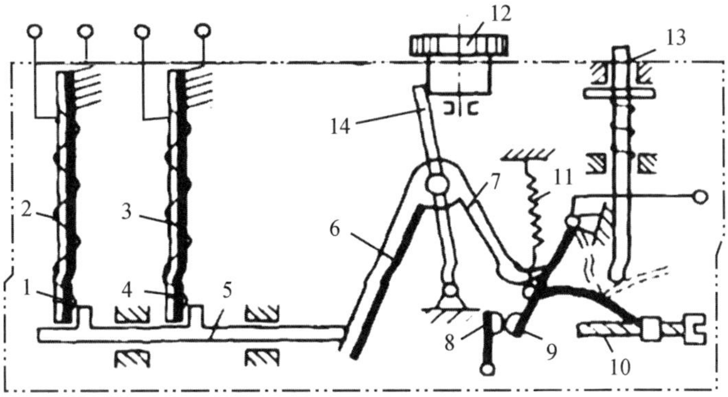

图 7-9　双金属片热继电器结构示意图

1、4—双金属片；2、3—发热元件；5—导板；6—温度补偿片；7—推杆；8—静触头；9—动触头；10—调节螺钉；11—弹簧；12—凸轮旋钮；13—复位按钮；14—支撑杆

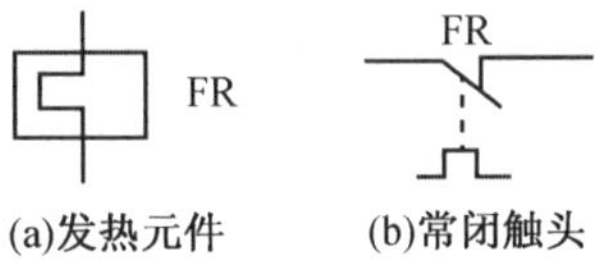

图 7-10　热继电器的图形符号

热继电器的主要技术数据是整定电流。热元件中通过的电流超过此值的 20%时，热继电器应当在 20 min 内动作。热继电器的整定电流与电动机的工作制有密切关系，一般用于保护长期工作制的电动机的热继电器可选用与额定电流基本上一致。

三、熔断器

熔断器是最简单有效的短路保护电器。熔断器串联于被保护的电路中，当线路或电气设备发生短路时，熔断器的熔体首先熔断，自动将电路切断以起到保护作用。

船舶上常用的熔断器有螺旋式、管式、插脚式等多种型式。在电力系统中，选择熔丝的方法如下：

1. 平稳负载的熔丝（例如控制信号和照明等）

熔丝额定电流大于等于支路上所有负载的工作电流。

2. 电动机主电路的熔丝

为了防止电动机启动时电流较大而将熔丝烧断，因此熔丝不能按电动机的额定电流来选择，应按下式计算：

熔丝额定电流为电动机额定电流的(1.5~2.5)倍，对不频繁启动的电动机取较小系数，频繁启动的电动机取较大系数。

几台电动机合用的总熔丝一般可粗略地按下式计算：

熔丝额定电流为容量最大的电动机的额定电流的(1.5~2.5)倍与其余电动机的额定电流之和。

第二节 控制电器的常见故障及处理（二类轮机长）

一、接触器的常见故障及处理方法

接触器的常见故障及处理方法如表7-1所示。

表7-1 接触器的常见故障及处理方法

故障现象	可能原因	处理方法
按下启动按钮，接触器吸不上或吸力不足（则触头已闭合而铁芯尚未完全吸合）	1. 电源电压过低或波动过大； 2. 操作回路电源容量不足或发生断线、配线错误及控制触头接触不良； 3. 线圈技术参数与使用条件不符； 4. 产品本身受损（如线圈断线或烧毁，机械可动部分被卡阻，转轴生锈或歪斜等）； 5. 触头弹簧压力与超程过大	1. 调节电源电压至额定值并使之稳定； 2. 增加电源容量，更换线路，修理控制触头； 3. 更换线圈； 4. 更换线圈，排除卡阻故障，修理受损零件； 5. 按要求调整触头参数
按下停止按钮，接触器不释放或释放缓慢	1. 触头弹簧压力过小； 2. 触头熔焊； 3. 机械可动部分被卡阻，转轴生锈或歪斜； 4. 反力弹簧损坏； 5. 铁芯极面有油污或尘埃黏住； 6. 剩磁增大，使铁芯不释放	1. 调整触头参数； 2. 排除熔焊故障，修理或更换触头； 3. 排除卡阻现象，修理受损零件； 4. 更换反力弹簧； 5. 清理或更换铁芯； 6. 更换铁芯
线圈过热或烧损	1. 电源电压过高或过低； 2. 线圈技术参数（如额定电压、频率、通电持续率及适用工作制等）与实际使用条件不符； 3. 操作频率（交流接触器）过高； 4. 线圈制造不良或由于机械损伤、绝缘损坏等； 5. 使用环境条件特殊：如空气潮湿，含有腐蚀性气体或环境温度过高； 6. 交流接触器运动部分被卡住； 7. 交流接触器铁芯极面不平或气隙过大	1. 调整电源电压； 2. 调换线圈或接触器； 3. 选择其他适合的接触器； 4. 更换线圈，排除引起线圈机械损伤的故障； 5. 采用特殊设计的线圈； 6. 排除卡住的线圈； 7. 调整极面，调整气隙或调换铁芯

二、热继电器的常见故障及处理方法

热继电器的常见故障及处理方法如表 7-2 所示。

表 7-2　热继电器的常见故障及处理方法

故障现象	可能原因	处理方法
用电设备操作正常，但热继电器频繁动作，或电气设备烧毁而热继电器不动作	1. 热继电器的整定电流值与被保护设备的额定电流值不符； 2. 热继电器可调整部件的固定支钉松动，不在原整定点上； 3. 热继电器通过了巨大的短路电流后，双金属元件已产生永久变形； 4. 热继电器久未校验，灰尘堆积，或生锈，或动作机构卡住、磨损，胶木零件变形等； 5. 热继电器的可调整部件损坏，或未对准刻度； 6. 热继电器的盖子未盖上，或未盖好； 7. 热继电器的外接线螺钉未拧紧，或连接线不符合规定； 8. 热继电器的安装方向不符合规定，或安装地方的环境温度与保护电气设备的环境温度相差太大	1. 应按被保护设备的容量调节或更换热继电器； 2. 将支钉扭紧，重新进行调整试验； 3. 更换并重新进行调整试验； 4. 清洁，修理，重新进行校验（在正常情况下，每年应校验一次）； 5. 修好损坏部件，并对准刻度，重新进行调整； 6. 盖好热继电器的盖子； 7. 把接线螺钉拧紧或换上合适的连接线； 8. 将热继电器按规定方向安装，并按两地温度相差情况配置适当的热继电器
热继电器动作时快时慢	1. 热继电器内部机构有某些部件松动； 2. 在检修中使双金属片弯折； 3. 外接线螺钉未拧紧	1. 将这些部件加固拧紧； 2. 用高倍电流预试几次，或将双金属片拆下进行热处理，以去除内应力； 3. 拧紧外接线螺钉
热继电器接入后主电路不通	1. 热元件烧毁； 2. 外接线螺钉未拧紧	1. 更换热元件或热继电器； 2. 拧紧外接线螺钉
热继电器控制电路不通	1. 触头烧毁，或动触片的弹性消失，动、静触头不能接触； 2. 由于刻度盘或调整螺钉转到不合适位置，将触头顶开	1. 修理或更换触头和触片； 2. 调整刻度盘或调整螺钉

第三节　典型控制电路分析（二类轮机长）

电气线路图可以分为两部分：主电路和辅助（控制）电路。电动机、发电机等通过大电流的电路属于主电路，其他均属于辅助电路。

电气线路图根据需要可以绘制成两种不同的形式：电路图和接线图。

（1）电路图是用图形符号根据生产机械运动形式对电气设备的要求绘制而成，用来协助理解电气设备的各种功能，而不考虑其实际位置的一种简图。

（2）接线图又称安装图，用规定的符号既表明各电气元件在电路上的联系，又表明各元件相互间位置的图形，这种图是供施工与检修时使用的。

绘制电路图的规定也就是阅读电路图的方法，其主要规定归纳如下：

(1)控制系统内的全部电机、电器和其他带电部分都应按国家标准规定的图形符号和文字符号绘制和标注。

(2)电路图一般按主电路和控制电路两部分画出：主电路画在图的左边或上端，用粗线表示；控制电路画在图的右边或下端，用细线表示。

(3)整个电路与电网断开，各电器都按没通电或不受外力作用时的正常状态画出。

(4)属于同一电器的不同部件，按其在电路中的作用画在不同的电路部位上，标以相同的文字符号并用数字加以区别。

(5)电路图中，各元件一般按动作顺序从上到下、从左到右依次排开。有直接电联系的导线交叉连接点要用小圆圈或黑圆点表示。

一、点动、连续控制和多地点控制

1. 点动控制

生产机械常常需要试车或调整，有些机械设备在运行过程中，必须有人监视，如机舱的盘车机、行车和甲板上的舷梯起落机等都需要有点动控制。如图 7-11 所示为最简单的点动控制线路，合上电源，按下启动按钮 SB，接触器 KM 线圈通电，其主触头闭合，电动机启动运转，手动松开按钮 SB，它恢复到断开位置，接触器 KM 线圈断电，电动机停止运转。

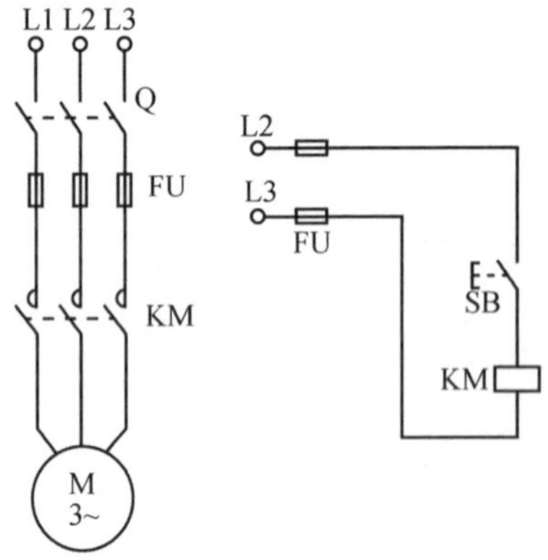

图 7-11　电动机点动控制原理图

2. 连续控制

大多数鼠笼式电动机的连续控制是采用磁力启动器进行控制的。磁力启动器是用来远距离控制和保护鼠笼式电动机的最简单的成套电器。它由电源开关、熔断器、按钮、交流接触器和热继电器等组成。如图 7-12 所示为单向(不可逆式)磁力启动器控制线路图。

启动电动机时，先将电源开关 Q 闭合。当按下启动按钮 SB1 时，交流接触器 KM 线圈通电，吸合衔铁使 KM 主触头闭合，电动机 M 与三相电源接通启动。同时，与 SB1 并联的 KM 辅助触头闭合，此辅助触头称为自保(自锁)触头。当松开 SB1 时，接触器线圈仍然保持通电，电动机 M 继续运转。当需停止电动机 M 时，按下停车按钮 SB2，接触器 KM 线圈失电，KM 主触头断开，电动机 M 停转，控制线路恢复图上状态，准备下次工作。

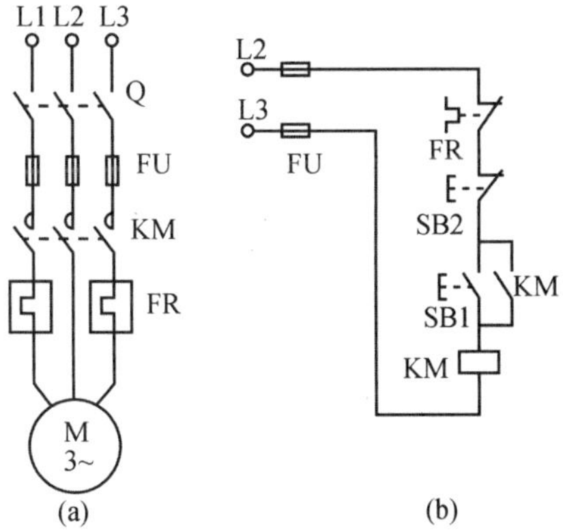

图 7-12 电动机连续控制线路

该控制线路具有失压(欠压)保护、过载保护和短路保护等基本功能。

3. 多地点控制

为了操作方便,某些设备往往要求在两个或两个以上的地点对它都能进行操作,例如,机舱的许多泵要求既能在机旁操纵,又能在集中控制室操纵。实现这一要求的就是多地点控制,只要将两个或多个启动按钮和停止按钮分别组成并联和串联电路即可,如图 7-13 所示。

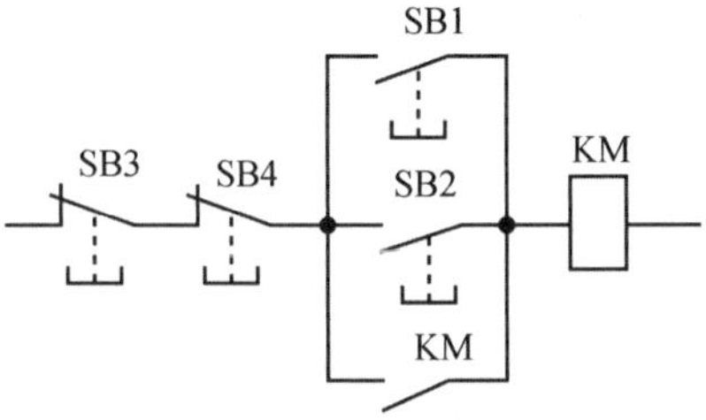

图 7-13 两地控制线路

二、正反转互锁控制

在生产中往往需要运动部件有正反两个方向的运动,例如,锚机的抛锚与起锚,起货机对重物的提升与下降等。为了实现正反转需求,只要改变电动机电源的相序即可。作为控制电路,用两个接触器配合启动停止按钮可实现这一需求。如图 7-14 所示,接触器 KM1 控制电动机正转;接触器 KM2 控制电动机反转。

从图中主电路部分可知,如果控制正反转的两个接触器同时工作,电源 L1 与 L3 相将发生短路。所以对正反转控制电路设计最根本的要求是:必须保证两个接触器不能同时工作。能实现这一要求的控制线路称为互锁控制。图 7-14 为电动机正反转互锁控制线路图。接线时,将 KM1 和 KM2 的常闭辅助触头分别串联到对方线圈电路中,即当电动机处于正向运行时,KM1 的常闭辅助触头断开,KM2 的线圈电路保持断电状态,确保 KM1 和 KM2 不能同时工作;反之亦然。这种实现互锁控制被称为电气互锁。

除此之外,为了进一步提高互锁的可靠性,还可设置机械互锁。具体为启动按钮 SB1 和 SB2 采用双层按钮,将正转启动按钮 SB1 的一个常闭触头接入反转控制支路中,将反转启动按

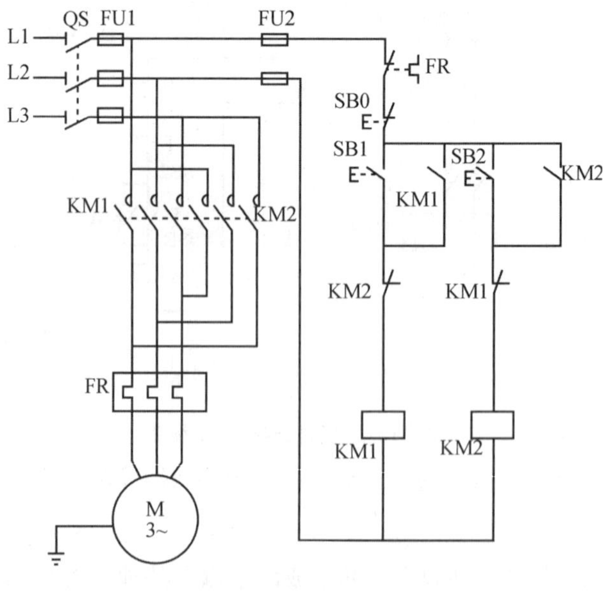

图 7-14　电动机正反转互锁控制线路

钮 SB2 的一个常闭触头接入正转控制支路中，在按下 SB1 时其常闭触头断开，确保这个阶段反转控制支路断开，KM2 的线圈电路处于断电状态。

三、联锁控制

生产机械或生产自动线都是由许多部件组成的。不同的运动部件之间是相互联系的，但又是相互制约的。例如，船舶主空压机正常工作时，需要冷却水进行冷却，所以要求冷却水压力建立后才能启动空压机。这种要求可以用如图 7-15 所示的联锁控制线路实现。

图 7-15 中接触器 KM1 控制冷却水泵电动机 M1，KM2 控制空压机电动机 M2。图 7-15(a)中 KM1 的一个常开辅助触头串入 KM2 的启动控制支路，构成联锁电路，即只有在 KM1 线圈通电，冷却水泵启动后，此时按下空压机启动按钮 SB4，KM2 线圈才能通电，使空压机启动运转。如果 KM1 线圈断电，冷却水泵停止供水，由于 KM1 辅助触头断开，使 KM2 线圈立即断电，空压机停止运转。图 7-15(b)是把 KM2 的启动控制支路与 KM1 的线圈并联，同样能满足上述要求。

四、短路、过载、失压保护的基本功能及功能实现

1. 短路保护

电动机的短路保护是通过断路器或熔断器实现的。当短路时，较大的短路电流将使供电线路或电动机和其他电器受到严重损坏，因此应及时将短路段和电源脱离。在磁力启动器控制线路中分为主回路保护和控制回路短路保护两种，其熔断器额定电流的选择也是有所不同的。

2. 过载保护

电动机的过载保护是通过热继电器实现的。当电动机过载时，热继电器的热元件发热将

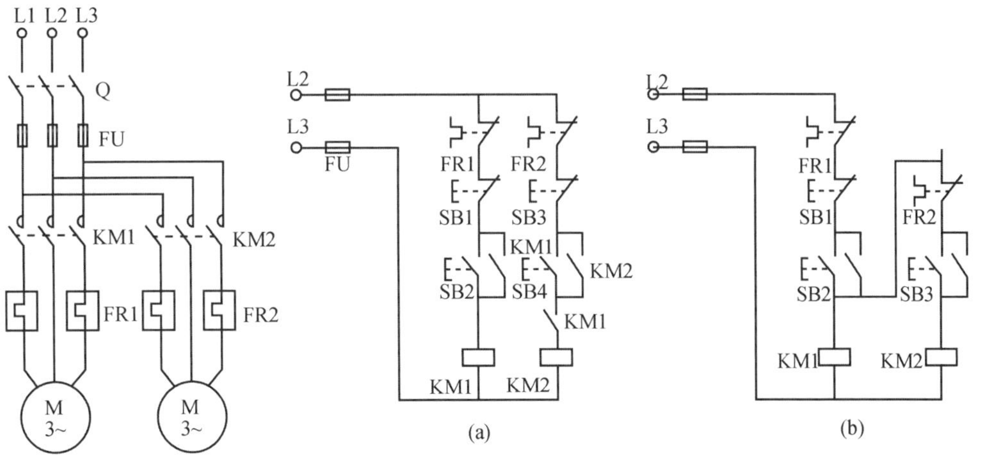

图 7-15 联锁控制线路

其常闭触头断开，使接触器线圈断电，电动机脱离电源。

热继电器至少有两个发热元件，分别串联在任意两相线路中。这样不仅在电动机过载时有保护作用，而且当任意一相电源断开后，使电动机缺相运行时，仍有一个或两个发热元件中通有电流，电动机因而也得到保护。

3. 失压（欠压）保护

失压保护是通过接触器本身的电磁机构实现的。当电源电压由于某种原因处于零压时，接触器衔铁将不能保持吸合，其各触头恢复初始状态，电动机会自动停车。当电源电压恢复时，电动机不会自动启动，只有在操作人员重新按下启动按钮后，电动机方可启动。这种保护环节称为失压保护。

当电源电压过分降低（欠压）时，电动机为了维护电磁转矩满足负载转矩的需要，其电流必将增加，电动机可能过载甚至烧毁。此时由于电源电压过低，接触器反力弹簧的作用力大于电磁吸力时衔铁将释放，主触头断开，使电动机脱离电源，实现欠压保护。

五、典型控制电路的基本故障及其处理

交流启动箱的主要故障如下：

（1）按下启动按钮电器不动作，电动机不启动。

可能原因有：熔断器烧断；与控制回路串联的触头接触不良；热继电器未复位或接触器线圈断线等，也可能因机械方面故障使接触器卡住不能吸合。

处理方法：更换，修复。

（2）按下启动按钮电动机启动，放松按钮电动机停转。

可能原因有：多为自保回路有断线或触头接触不良。

处理方法：修复。

（3）运转时噪声较大。

可能原因有：交流接触器衔铁上短路环断开或脱落；铁芯面贴合不紧而振动；机械连接部分有松动现象；电源电压低使接触器吸力过小也会产生噪声。

处理方法：更换，修复，调整电源。

(4)接触器线圈发热或烧坏。

可能原因有：线圈内部有匝间短路；交流接触器通电后，衔铁被卡住吸不上；气隙很大，造成电流过大；弹簧反作用力过大使衔铁不能完全吸合。

处理方法：更换，修复，调整弹簧。

(5)按下停止按钮电动机不停车。

可能原因有：自保线路接错；接触器被卡阻不能释放；主触头烧熔在一起；触头不能断开或由于铁芯剩磁过大；释放弹簧反作用力过小不足以使衔铁释放。

处理方法：正确接线，更换，修复。

第四节 实操训练

实训一：常用控制电器识别(二、三类轮机员)

一、任务要求

1. 掌握常用控制电器的识别方法。
2. 了解常用控制电器的种类、用途、选用。

二、任务准备

各类船舶常用控制电器，如按钮、行程开关、继电器、接触器、熔断器等。

三、任务实施

1. 带领学生认识各种不同类型的按钮、行程开关、继电器、接触器、熔断器等。
2. 讲解各种控制电器的种类和用途。
3. 学生分组进行电器的认识与了解。

(1)按钮

按钮按结构分为普通按钮式、蘑菇头式、自复位式、自锁式、旋柄式、带指示灯式等类别。如图 7-16 所示为以某厂家为例识别几种常见的按钮。

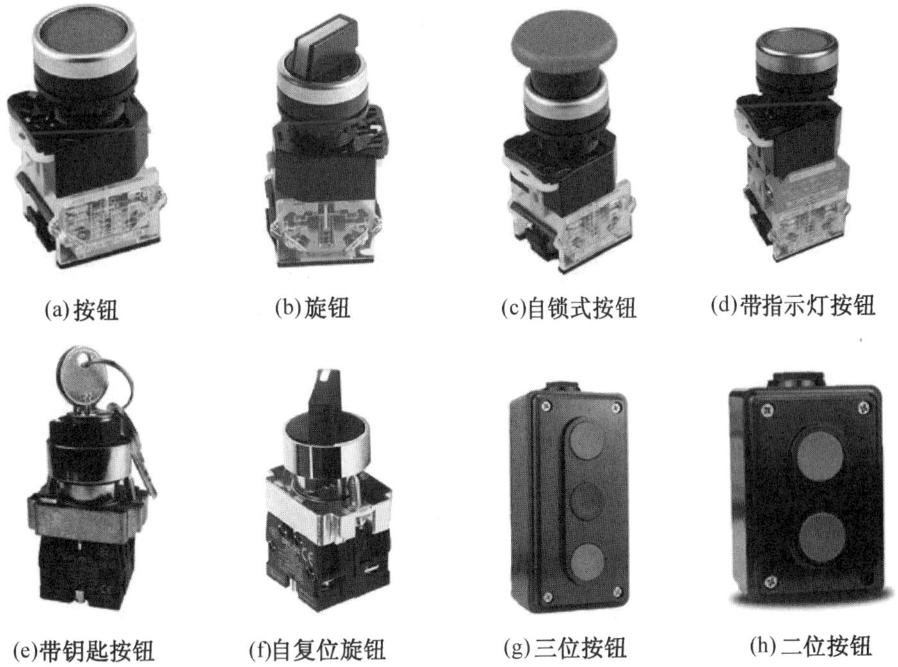

(a)按钮　(b)旋钮　(c)自锁式按钮　(d)带指示灯按钮

(e)带钥匙按钮　(f)自复位旋钮　(g)三位按钮　(h)二位按钮

图 7-16　几种常见的按钮

(2)行程开关

图 7-17 所示为常见的行程开关

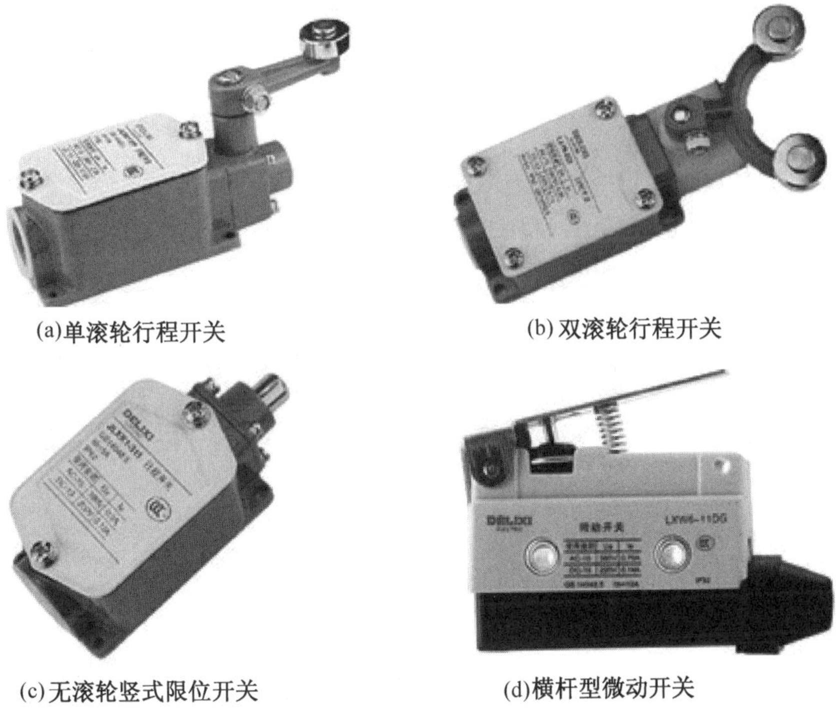

(a)单滚轮行程开关　(b)双滚轮行程开关

(c)无滚轮竖式限位开关　(d)横杆型微动开关

图 7-17　常见的行程开关

(3)主令开关及转换开关

如图 7-18 所示为主令开关及转换开关。

(a)主令开关　(b)万能转换开关　(c)组合开关　(d)两路换接开关

图 7-18　主令开关及转换开关

(4)接触器

如图 7-19 所示为接触器。

(a)大电流交流接触器　(b)交流接触器　(c)真空交流接触器

图 7-19　接触器

(5)热继电器

如图 7-20 所示为热继电器。

(a)　(b)　(c)　(d)

图 7-20　热继电器

(6)时间继电器

如图 7-21 所示为时间继电器。

(a)时间继电器　(b)时间继电器　(c)时间继电器底座　(d)时间继电器

图 7-21　时间继电器

(7)熔断器

如图 7-22 所示为熔断器。

(a)熔断器　(b)熔断器底座　(c)刀型熔断器　(d)刀型熔断器底座

图 7-22　熔断器

实训二:点动、自锁控制电路接线及故障排除(二类轮机长)

一、任务要求

1. 掌握点动和自锁控制的工作原理及接线方法。
2. 掌握点动和自锁控制线路的检查方法及故障排除。
3. 深入理解点动、自锁控制的特点。
4. 了解常用低压控制电器的性能与选用。

二、任务准备

电动机、开关、接触器、启动按钮、热继电器、熔断器、连接导线、电工工具、万用表、试验台等。

三、任务实施

1. 讲解点动、自锁控制原理。
2. 讲解安全注意事项。

3. 讲解电气控制线路的安装工艺及要求、控制电路的安装方法与步骤。

4. 学生分组进行实操训练。

电动机点动或自锁控制是利用按钮和接触器来控制电动机往单一方向运行，其控制电路如图7-23所示。区别在于点动时，启动按钮被按下，电动机应能正常启动运行，而一旦松开按钮，控制电路就会断开，电动机停止运行；而自锁控制时，启动按钮被按下，电动机同样能正常启动运行，同时接触器的一副辅助触头会接通，并联启动按钮，这样在松开启动按钮时，电动机维持运行状态，若停机需由独立设置的停车按钮来完成。

点动控制元件工作情况：合上电源开关Q，按启动按钮SB，接触器KM线圈得电（注意这样控制线路接触器线圈电压为线电压），其主触头动作，接通主电路，电动机启动，松开启动按钮SB，接触器KM线圈断电，主触头复位，电动机停止运行。

点动控制元件工作情况：合上电源开关Q，按启动按钮SB，接触器KM线圈得电（注意这样控制线路接触器线圈电压为线电压），其主触头动作，接通主电路，电动机启动，其一副辅助触头会接通，实现自锁，在松开SB1时控制线路不断电。停车时按下SB2，电动机停转，同时断开接触器KM的辅助触头，接触自锁，为下次启动做准备。

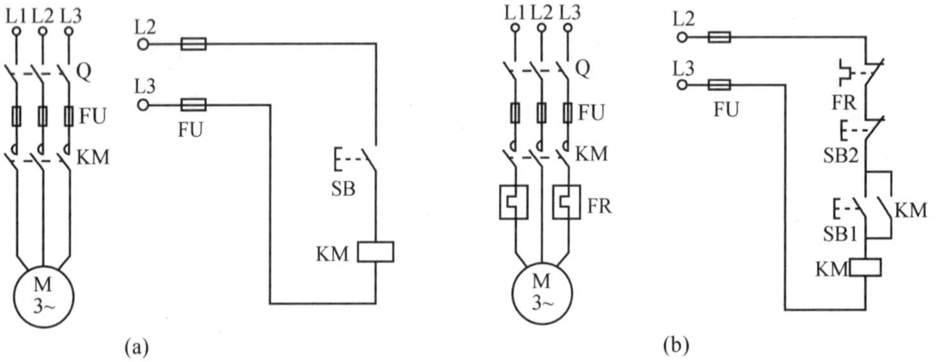

图7-23　点动与自锁控制电路图

接线完成后，对照原理图7-23检查接触器、按钮、熔断器、热继电器等是否与原理图上的一致和齐全，控制电路是否满足原理图所要求的各种功能，确认连接电路中无漏接、错接和短接等情况，检查接线端连接是否牢固，布线是否符合要求、整齐。在未通电的情况下，用万用表对控制电路及主电路进行连接点通断检查。在通断检查时避免受到并联支路或其他回路的影响，保证检查的准确性。检查完成后报告指导老师，待老师确认后才能进行通电试车。

通电试车时，不能实现预设电动机控制要求，应切断电源，然后查找原因，故障排除后再通电试车。故障检修方法为：

（1）观察电动机运行情况、接触器动作情况、熔断器工作情况及线路工作情况有无异常，若有则断电检查。

（2）结合电路控制原理，通过逻辑分析缩小故障范围。

（3）用万用表进行电压、电阻分段测量，迅速找出故障点。

（4）根据故障点的不同情况或性质（比如元件参数选用不合适、接线错误、漏接、虚接），采取对应的修复方式，排除故障。

实训三：正、反转控制电路接线及故障排除（二类轮机长）

一、任务要求

1. 掌握正、反转控制的工作原理及电路接线方法。
2. 掌握正、反转控制线路的安装工艺、接线规则、检查方法及故障排除。
3. 掌握电气互锁和机械互锁的概念及运用。
4. 了解常用低压控制电气的性能与选用。

二、任务准备

电动机、开关、接触器、启动按钮、热继电器、熔断器、连接导线、电工工具、万用表、试验台等。

三、任务实施

1. 讲解正、反转控制原理。
2. 讲解安全注意事项。
3. 讲解电气控制线路的安装工艺及要求、控制电路的安装方法与步骤。
4. 学生分组进行实操训练。

为了适应某些双向运动的生产实际，设置电动机的正、反转控制，详细控制过程见前面相关章节内容。需要强调的是由于正、反转状态时，其中有两相电源会改变相序，为了避免相序改变前后造成短路，必须在正、反转控制电路中设置互锁，互锁可通过接触器的动、断辅助触头构成电气互锁，还可加入复合按钮式机械互锁。如图 7-24 所示，接触器 KM1 的常闭触头接入接触器 KM2 线圈的控制支路，接触器 KM2 的常闭触头接入接触器 KM1 线圈的控制支路，这样实现电气互锁。复合式按钮 SB2 的常开触头起启动按钮的作用，其另一常闭触头接入接触器 KM2 线圈的控制支路，复合式按钮 SB3 的常开触头起启动按钮的作用，其另一常闭触头接入接触器 KM1 线圈的控制支路，这样实现机械互锁。

接线完成后，对照原理图 7-24 检查接触器、按钮、熔断器、热继电器等是否与原理图上的一致和齐全，控制电路是否满足原理图所要求的各种功能，确认连接电路中无漏接、错接和短接等情况，检查接线端连接是否牢固，布线是否符合要求、整齐。在未通电的情况下，用万用表对控制电路及主电路进行连接点通断检查。在通断检查时避免受到并联支路或其他回路的影响，保证检查的准确性。检查完成后报告指导老师，待老师确认后才能进行通电试车。通电试车时，不能实现预设电动机控制要求，应切断电源，然后查找原因，故障排除后再通电试车。故障检修方法为：

（1）观察电动机运行情况、接触器动作情况、熔断器工作情况及线路工作情况有无异常，若有则断电检查。

（2）结合电路控制原理，通过逻辑分析缩小故障范围。

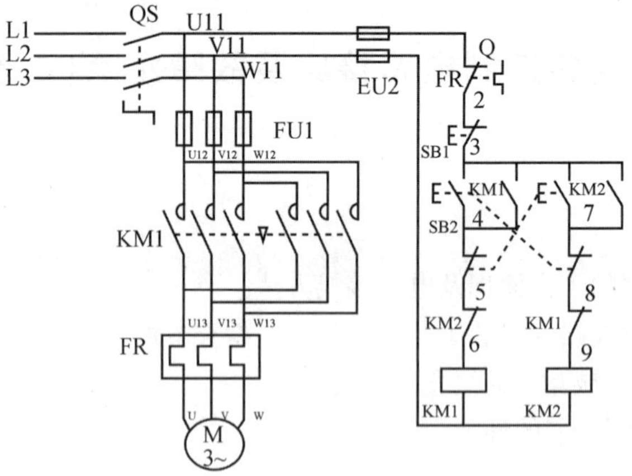

图 7-24　带机械互锁正反转控制电路图

（3）用万用表进行电压、电阻分段测量，迅速找出故障点。

（4）根据故障点的不同情况或性质（比如元件参数选用不合适、接线错误、漏接、虚接），采取对应的修复方式，排除故障。

第八章 机舱控制系统

第一节 自动控制基础(二类轮机长)

一、自动控制相关概念

自动控制,即在不用人直接操纵的情况下,利用控制器使控制对象的某一物理量能够按照一定的规律变化;又可表达为利用外加设备或装置(控制装置、控制器)使机器、设备或生产过程(被控对象)的某个工作状态或参数(被控量)自动地按预定的规律运行(控制目标)。因此,一个完整的自动控制系统应该包含控制器、被控对象、被控量和控制目标。

自动控制在船舶运行中运用较为广泛,如锅炉水位控制、压力自动控制、冷却水温度自动控制、船舶电站自动控制和主机遥控等。

在自动控制系统理论中,按控制原理的不同,自动控制系统分为开环控制系统和闭环控制系统。开环控制是指系统的输入量经过控制器的作用可以控制被控对象的输出,而输出量对输入、控制器没有任何影响,也就是说控制信息只能从输入单方向传递到输出。在开环控制中,系统的输出量没有反馈回来与输入量进行比较。因此,开环控制就无法减小或消除由于扰动的变化而引起输出量与其希望值之间的误差。

闭环控制是指控制器与控制对象之间既有顺向作用又有反向联系的控制过程,即系统的输出量对系统的控制作用有影响,这种影响称为"反馈"。闭环控制原理是输出量与输入量进行比较,根据输出量与输入量形成的偏差实行控制。

开环控制系统与闭环控制系统的控制原理图如图 8-1 所示。

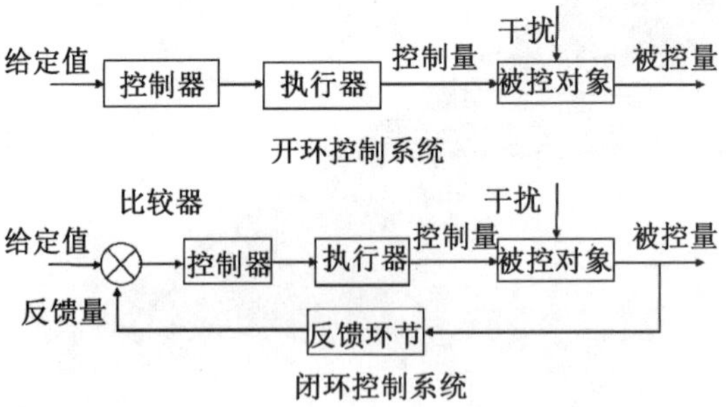

图 8-1　开环控制系统与闭环控制系统的控制原理图

二、反馈控制系统

反馈控制系统对机器设备或生产过程参数的控制过程实际上是直接模拟人的手动操作过程。

如图 8-2 所示为柴油机气缸冷却水温度控制过程示意图，在运行过程中若将柴油机冷却水出口温度控制在 80 ℃时。若采用手动操作时，则需用眼睛观察温度表，将实际温度反映给大脑。大脑分析温度的实际值是否偏离了最佳值，判断和计算温度应该调整的程度，然后输出一个控制指令给双手，用双手来改变三通调节阀的开度，从而改变冷却水温度。手动操作该过程将耗费大量人力，且不能保障柴机油设备参数处于稳定状态。

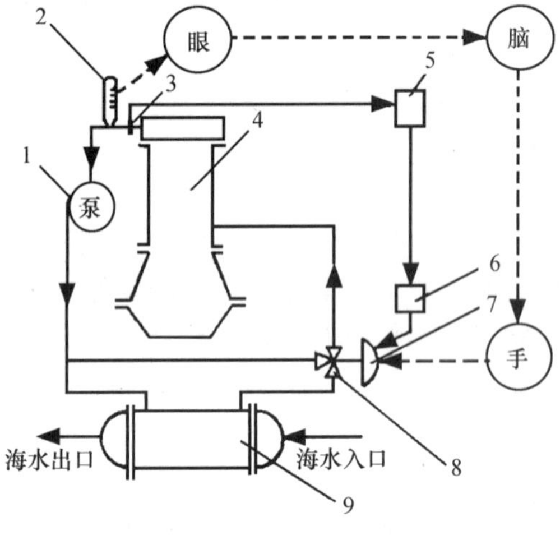

图 8-2　柴油机气缸冷却水温度控制过程示意图

1—淡水泵；2—温度表；3—感温元件；4—柴油机；5—温度变送器；6—调节器；7—执行机构；8—三通调节阀；9—淡水冷却泵

若冷却水温度采用自动控制时，则不需要人来干预控制过程，只需采用相应的自动化仪表来代替人的功能器官。例如，可用温度传感器和变送器来代替人的眼睛实时监测温度值，调节器代替人的大脑分析计算，执行机构代替人的双手，改变三通调节阀的开度。

上述两种控制模式中，不论是手动控制还是自动控制，反馈的作用都是存在的。我们把包含反馈作用的控制过程称为反馈控制过程。分析上述实例不难发现，组成一个反馈控制系统，必须有四个最基本的环节，即控制对象、测量单元、调节单元和执行机构。

1. 控制对象

控制对象是指所要控制的机器、设备或装置，而所要控制的运行参数则称为被控量。例如，图 8-2 所示的柴油机气缸冷却水温度自动控制系统中，柴油机是控制对象，冷却水温度是被控量；在锅炉水位自动控制系统中，锅炉是控制对象，水位是被控量；在锅炉蒸汽压力控制系统中，锅炉是控制对象，蒸汽压力是被控量；在柴油机转速的控制系统中，柴油机是控制对象，转速是被控量。控制对象也可称为被控对象。

2. 测量单元

测量单元的作用是，检测被控量的实际值，并把它转换成统一的标准信号，该信号称为被控量的测量值。在气动控制系统中，对应被控量的满量程，其统一的标准气压信号是 0.02～0.1 MPa；在电动控制系统中，对应被控量的满量程，其统一的标准电流信号是 0～10 mA 或 4～20 mA，使用 4～20 mA 居多。测量单元一般包含两部分，即传感器和变送器，传感器用于对物理量进行检测，变送器则将传感器的输出转换为调节器能够接收的信号。例如，在温度自动控制系统中，测量单元常采用温度传感器和温度变送器；在压力自动控制系统中，测量单元常采用压力传感器和压力变送器；在锅炉水位控制系统中，测量单元常采用水位发讯器（参考水位罐）和差压变送器。

3. 调节单元

调节单元是指具有某种调节作用规律的调节器。调节器接收测量单元送来的被控量测量值，并与被控量的希望值相比较得到偏差信号，再根据偏差信号的大小和方向（正偏差或负偏差），按照某种调节作用规律输出一个控制信号，送给执行机构，对被控量施加控制作用，直到偏差等于零或接近零为止。

在反馈控制系统中，一般把被控量的希望值称为设定值，被控量的测量值与设定值之间的差值称为偏差值。若将设定值表示为 r，被控量的测量值表示为 z，偏差表示为 e，则有 $e=r-z$。

（1）若 $e>0$，则说明测量值小于设定值，称为正偏差。

（2）若 $e<0$，则说明测量值大于设定值，称为负偏差。

（3）若 $e=0$，则说明测量值等于设定值，称为无偏差。

在实际应用中，调节器一般有位式调节器、比例调节器、比例积分调节器、比例微分调节器和比例积分微分调节器等五种。根据控制对象特性的不同及对被控量控制精度的要求，控制系统可选用不同调节作用规律的调节器。

4. 执行机构

执行机构接收调节单元输出的控制信号，并将该信号转换为作用到控制对象的实际控制。调节单元输出的控制信号一般都要经过执行机构才能作用到控制对象上，从而改变流入控制对象的物质或能量流量，使之能适应控制对象的负荷变化。在气动控制系统中，执行机构一般是气动薄膜调节阀或气动活塞式调节阀；在电动控制系统中，一般采用伺服电机。

以上四个单元是组成反馈控制系统必不可少的基本单元。但对于一个完整的控制系统，一般都还会有若干辅助单元。例如，用来指示被控量给定值、测量值的指示单元和设定给定值的给定单元等。另外，对气动控制系统来说，还应设有气源装置；对电动控制系统还应有稳压电源等辅助装置。

三、常见机舱设备反馈控制系统图

上述四个单元在反馈控制系统中的联系可用传递方框图表示，如图 8-3 所示。

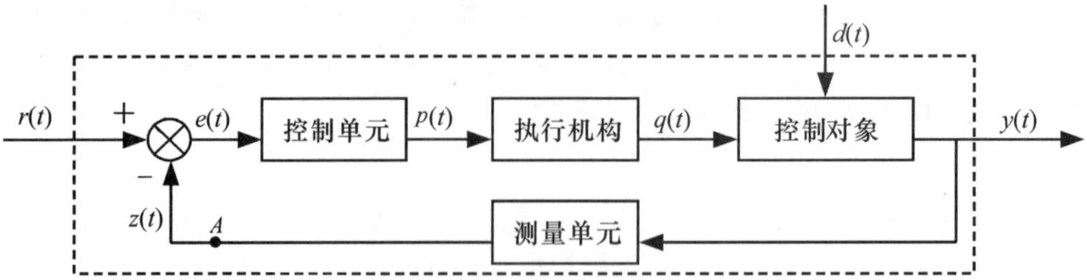

$r(t)$—设定值；$z(t)$—测量值：$e(t)$—偏差值；$y(t)$—被控量；$q(t)$—执行量；$p(t)$—控制量；$d(t)$—外部扰动值

图 8-3　反馈控制系统传递方框图

传递方框图能清晰地呈现出各个单元间的联系，信号的传递。根据图 8-3 所示的传递方框图准则，可作出常见机舱设备反馈控制系统框图，如柴油机缸套冷却水温度自动控制系统、辅锅炉水位自动控制系统、燃油黏度自动控制系统、柴油机转速控制系统，分别如图 8-4 至图 8-7 所示。

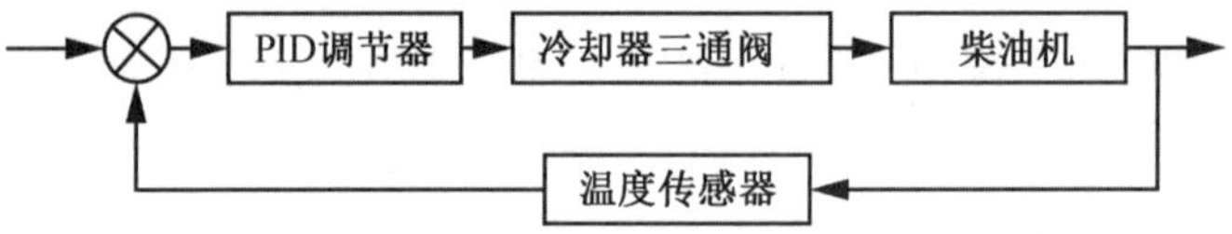

图 8-4　柴油机缸套冷却水温度自动控制系统

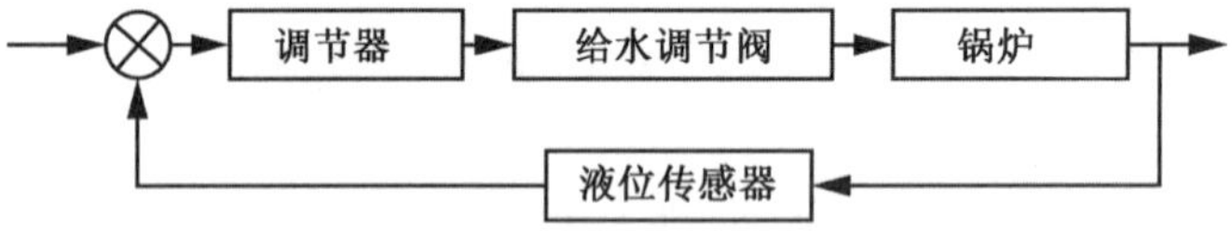

图 8-5　辅锅炉水位自动控制系统

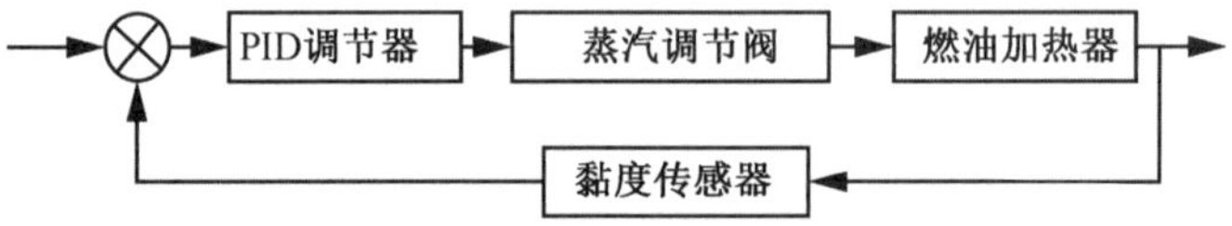

图 8-6　燃油黏度自动控制系统

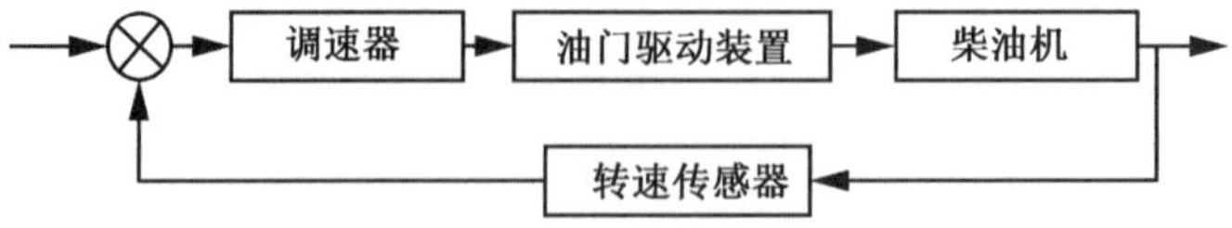

图 8-7　柴油机转速控制系统

四、自动控制系统的分类

自动控制系统从不同的角度有各种分类方法，而且种类繁多。最常用的是按给定值（控制量）的形式分类，通常可分为三类：

1. 定值控制系统

若系统的给定值（控制量）是一个确定值，则该系统称为定值控制系统。定值控制系统的任务是尽力消除干扰的影响，随时保持被控量为给定值。例如锅炉水位与蒸汽压力控制系统、主机冷却水温度控制系统、燃油黏度控制系统等都属于定值控制系统。

2. 随动控制系统

若系统的给定值预先不能确定，而是取决于系统以外的某一进程，则该系统称为随动控制系统。随动控制系统的任务是在任何情况下保证输出以一定精度跟随输入的变化而变化。例如随动操舵系统，其舵角给定值完全取决于当时的航行情况。其他如目标的自动跟踪系统、自动测量和记录系统等都属于随动控制系统。

3. 程序控制系统

若系统的给定值是一个预先确定好的变化规律，而且力求输出以一定精度跟随输入规律的变化而变化，则该系统称为程序控制系统。例如船舶主机遥控系统中的启动系统。

五、主机冷却水温度控制系统

柴油机在运行过程中，气缸套和气缸盖都需要用淡水来冷却。把冷却用的淡水温度控制在给定值或给定值附近，对柴油机安全、可靠和经济地运转都是重要的。其控制方法是把气缸冷却淡水分成两部分：一部分通过淡水冷却器，用海水冷却淡水使淡水温度降低；另一部分不通过淡水冷却器，与经过冷却的淡水混合，然后进入柴油机气缸的冷却空间。如果冷却水温度高于给定值，应减少不经冷却器的旁通水量，增大经冷却器的水量，使冷却水温度降到给定值；反之，若冷却水温度低于给定值，则应增大旁通水量，减少经冷却器的水量，使冷却水温度回升到给定值。控制这两部分水量比例大小的是三通调节阀，也就是该控制系统的执行机构。

冷却水温度自动控制系统由淡水冷却器（控制对象）、测温元件、调节器和三通调节阀（执行机构）等基本单元组成，其控制原理如图 8-8 所示。把测温元件装在柴油机冷却水出口管路上，测温元件输出信号与冷却水出口温度成比例变化。测温元件输出信号送至调节器，调节器把冷却水温度给定与测量值相比较得到偏差值，然后按着某种作用规律输出一个控制信号送至执行机构，从而可改变三通调节阀的开度，把冷却水的进口温度控制在给定值或给定值附近。但冷却水的出口温度会随柴油机的负荷而变化。在超负荷运行的情况下，会产生冷却水出口温度过高的现象。

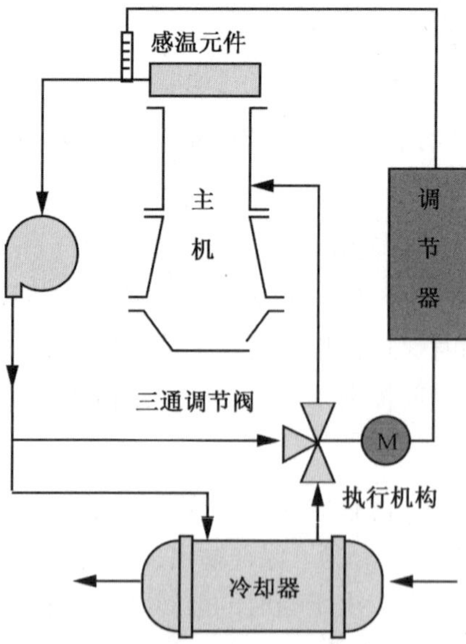

图 8-8　柴油机冷却水温度控制原理

第二节 ◉ 机舱集中监视与报警系统(二类轮机长)

机舱集中监视与报警系统是轮机自动化的一个重要内容,它的作用是准确可靠地监测机舱内各种动力设备的运行状态及其参数,一旦运行设备发生故障,自动发出声、光报警信号。它可以改善轮机管理人员的工作条件,减轻劳动强度,及时发现设备的运行故障,而且也是实现无人机舱的基本条件。

一、监视与报警系统的种类

监视与报警系统的种类很多,根据其监视方式不同,可分为两类:一类是采用连续监测方法,另一类是采用扫描监测方法。

1. 连续监测

连续监测是指机舱中所有监测点的参数并行地送入监视与报警系统,并对所有监测点的状态及参数进行连续监测。系统中的核心单元是报警控制单元,它由各种测量和报警控制电路组合而成。每个监测点需要一个独立的电路进行测量和产生报警信号,测量结果和报警信息送至公共的显示和报警电路。

2. 扫描监测

扫描监测也称为巡回监测,这种方法是以一定的时间间隔依次对各个监测点的参数和状态进行扫描,将监测点信息逐一送入监视与报警系统进行分时处理。因此,无论监视点有多少,仅需要一个测量和报警控制单元。巡回监测方法可通过常规集成电路和微型计算机来实现。由于微机具有采样速度快、检测精度高、体积小、数据处理功能强大、显示手段先进等优点，大多数船舶均采用基于微机技术的监视与报警系统。

二、监视与报警系统的组成

机舱监视与报警系统由三大部分组成：分布在机舱各监视点的传感器；安装在集中控制室内的监视屏和控制柜；安装在驾驶台、公共场所、轮机长和轮机员住所的延伸报警箱。其主要包含以下单元：

1. 声、光报警

声、光报警是监视与报警系统最根本的功能，只要监测点的状态发生异常或者出现参数越限，系统就应该发出声、光报警，以便问题得到及时处理。

在正常运行期间，监视与报警系统不会发出报警指示和声响报警。当被监视点发生异常时，若该监视点未被闭锁，则系统立即发出声响报警，并且相应的报警指示灯（或屏幕文本字块）快速闪烁，指示报警内容。报警发生后，要求值班人员按消声按钮进行消声（一般情况下，消声按钮对于所有报警都是共用的）和报警确认（按确认按钮或点击闪烁文本）。报警确认后，报警指示灯由闪烁转为平光（或者闪烁文本转为高亮）。当监视点状态或参数恢复正常时，报警指示消失，即报警灯熄灭（或者高亮消失）。当出现短时报警时，系统也会立即发出声光报警，但往往由于监测状态在短时间内自动恢复正常，报警指示将由“快闪”转为“慢闪”，但声响报警还将继续，直到按下消声按钮。

2. 参数与状态显示

参数显示是指通过模拟仪表、数字仪表或者计算机屏幕对所有监测点的压力、温度、水位等运行参数进行显示。状态显示指的是反映设备运行状态显示，通常采用绿色指示灯表示系统或设备的正常运行，红色指示灯表示报警状态。对于采用计算机屏幕的系统，则还可以采用“ON”“OFF”“HIGH”“LOW”“NORMAL”和“FAIL”等文本来进行状态显示。

3. 打印记录

打印记录一般有参数打印和报警打印两种。参数打印又分为定时制表打印和召唤打印，定时制表打印是打印机以设定的时间间隔自动将机舱内需要记录的全部参数打印制表。召唤打印是根据需要，随时打印当时的工况参数，可对监测点参数进行全点或选点打印。报警打印是由系统自动进行的，只要有报警发生，系统就会把报警名称、报警内容和报警时间进行自动打印输出。

4. 延时报警

在报警装置中，一般均设有延时报警环节，以免发生误报警。根据所监视的参数不同，其延时时间有长延时和短延时之分。例如，在监视液位时，由于船舶的摇摆，容易反复造成虚假越限现象，导致频繁报警。类似这些情况可采用 2～30 s 的长延时报警，在延时时间之内越限不报警。另外，在运行期间，某些监测开关的状态会由于环境干扰的原因而发生瞬间变化，例如船舶在激烈振动时，某些压力系统的压力波动容易使报警开关发生抖动。为避免误报警，可采用延时 0.5 s 的短延时。

5. **闭锁报警**

闭锁报警就是根据动力设备不同的工作状态，封锁一些不必要的监视点报警。例如，船舶在停港期间，由于主机处于停车状态，主机的冷却系统、燃油系统、滑油系统等均停止工作，与这些系统相关的参数都会出现异常。因此，有必要对与这些系统有关的监视点进行闭锁报警。

6. **延伸报警**

延伸报警功能是为无人值班机舱设置的。在无人值班的情况下，必须将机舱故障报警信号分组后传送到驾驶台、公共场所、轮机长及值班轮机员住所的延伸报警箱。有时为了简化延伸报警，在值班轮机员住所的延伸报警箱上仅设置重要故障报警和一般故障报警两个报警指示灯。

7. **测试功能**

在集中控制室的操纵台上，一般都设有试灯按钮和功能测试按钮。按试灯按钮，所有指示灯都要亮，不亮的指示灯需要换新。按功能测试按钮，所有监视点均进入报警状态；否则，未报警的监视点表示相应监视通道有故障。测试功能可协助进行故障定位。

8. **自检功能**

监视与报警系统正常工作的前提是系统本身没有故障。为了确保监视与报警系统本身的工作可靠性，对诸如输入通道、电源电压和保险丝等重要环节应具有自动监测功能。出现异常时，系统将自动发出相应的系统故障报警。

9. **备用电源的自动投入**

要使监视系统在全船失电的情况下能正常工作，就必须配备相应的备用电源。在主电源失压或欠压时，系统能自动启用备用电源，实现不间断供电。

机舱典型监视与报警系统的组成及其分布如图 8-9 所示。

三、常用传感器的原理及使用

机舱内的各种传感器用来感受被监视的工况参数，常用的传感器包括温度、压力、转速和流量传感器等。

1. **温度传感器**

常用的温度传感器有热电阻、热敏电阻和热电偶，温度传感器实物图如图 8-10 所示。在船上测量较低温度的场合通常采用热电阻或热敏电阻，如测量气缸冷却水温度、滑油温度、主轴承温度等。在测量高温的场合如主机排烟温度等一般采用热电偶。

（1）热电阻

热电阻的基本原理是利用金属电阻丝的阻值随温度变化而变化的热电阻效应，把被测温度变换成相应的电阻值，然后由直流电桥将电阻值的变化转换成相应的电压信号。机舱报警系统中大多采用铂热电阻，铂热电阻的测温范围为−120～+800 ℃。

（2）热敏电阻

热敏电阻的测温优势表现在：灵敏度高、体积小、结构简单、性能比较稳定、有足够长的使用寿命。热敏电阻常用于轴承的温度检测，活塞冷却水是否供应中断的判断等项目。

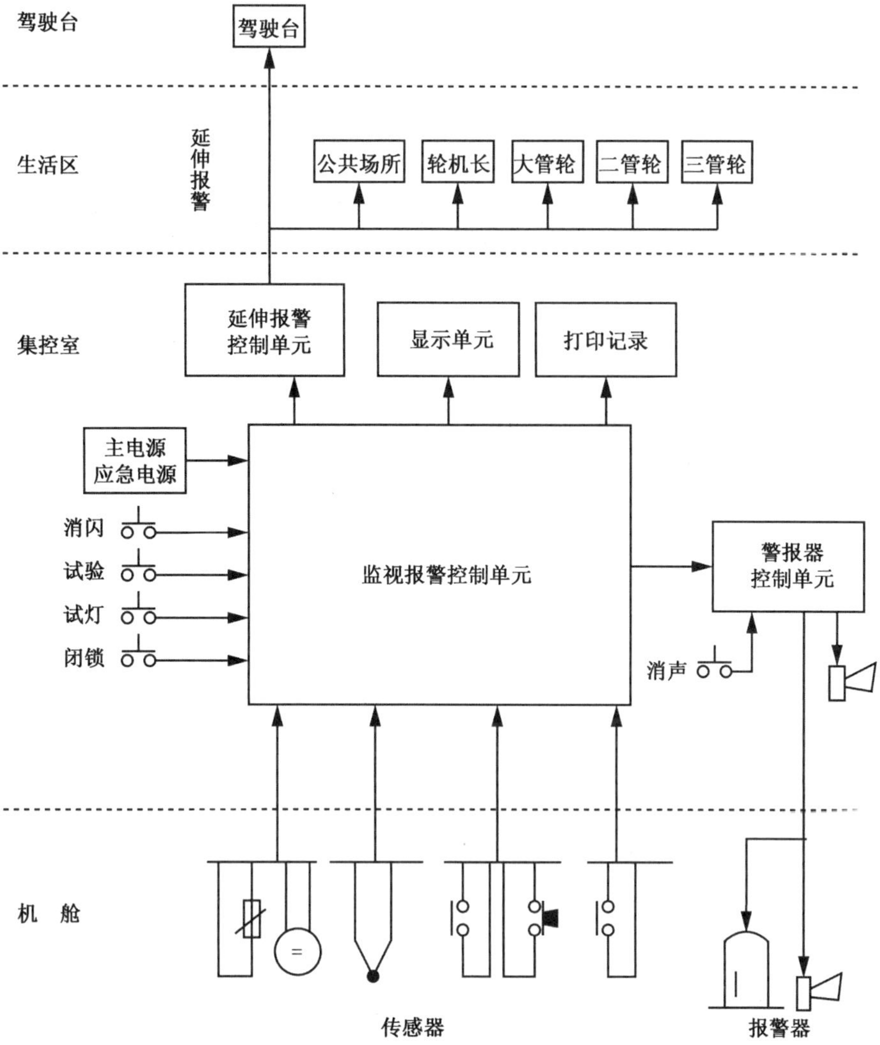

图 8-9 机舱典型监视与报警系统的组成及其分布

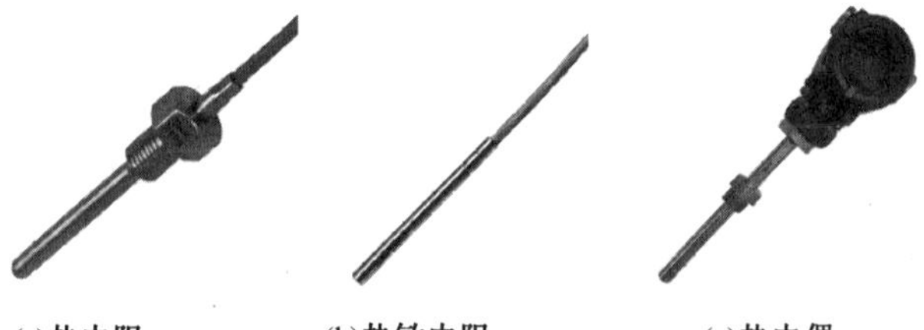

图 8-10 温度传感器实物图

(3)热电偶

热电偶是由两种不同的金属导体或半导体材料焊接而成,并插入护套制成的。焊接端称为热端,与导线连接端称为冷端。

热电偶的基本原理是若将热端插入需要测温的监视点,冷端置于室温中,若冷、热两端温度不同,则在热电偶回路中会产生热电势 e,e 的大小正比于两端的温度差。当冷端温度保持不变时，其热电势 e 随热端温度的升高（降低）而增大（减少）。

2. 压力传感器

压力传感器主要包括电阻式和应变片式两种压力传感器。

电阻式压力传感器主要由弹簧管、传动机构、滑线电阻及测量电桥等组成。多用来测量静态压力。应变片式压力传感器主要由金属应变片和测量电桥组成，应变片式压力传感器不仅可以用来测量静态压力，也可以用来测量动态压力。常见的压力传感器实物图如图 8-11 所示。

图 8-11　常见的压力传感器实物图

3. 转速传感器

常用的转速传感器有测速发电机和磁脉冲式测速装置。转速传感器可用来检测主机的转速和转向、发电机的原动机转速等。这里只介绍磁脉冲式测速装置。

磁脉冲式测速装置属于非接触式转速传感器，在主机遥控系统中可用来检测主机的转速、转向。它是由测速齿轮、磁脉冲探头、脉冲整形放大电路、频率/电压（f/V）转换电路、转向鉴别电路和转速逻辑鉴别电路组成。测速传感器布置示意图如图 8-12 所示。

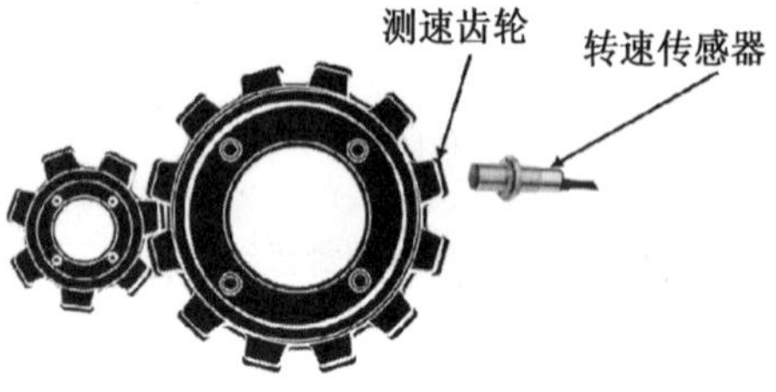

图 8-12　测速传感器布置示意图

在主机的主轴上安装一个由铁磁材料制成的测速齿轮，磁脉冲探头对准齿轮的齿顶固定，并与齿顶之间保持一个较小的间隙。当主机转动时，齿轮随之转动，当齿顶对准磁脉冲探头时，因间隙较小，所以磁阻较小，通过磁脉冲探头线圈中的磁通量较强；而当齿槽对准磁脉冲探头时，间隙增大，磁阻增大，则通过线圈中的磁通量较弱。因此，在齿轮随主机转动时，齿顶与齿槽相继对准磁脉冲探头，使其线圈中磁通量不断改变而感应出一系列脉动电势，每转过一个齿，磁脉冲探头就产生一个脉冲。磁脉冲探头所产生的脉冲频率可表示为

$$f=\frac{z\cdot n}{60}$$

式中：f 为脉冲频率；z 为齿轮的齿数；n 为转速。

当齿轮的齿数 z 等于 60 时，$f=n$，因此可用脉冲的频率来表示转速的高低，脉冲频率越高

则反映转速越高。

由于磁脉冲探头线圈所感应的脉冲电势幅值与磁通量的变化速度有关，当转速降低时，线圈中磁通量的变化速度减小，则感应的脉冲电势不仅频率降低，而且幅值也减小。因此，必须对脉冲电势进行整形放大，变换成幅值不受转速快慢影响的方波脉冲信号，然后把方波脉冲经过频率/电压转换电路转换成电压信号，从而将转速按比例转换为相应的电压信号，该电压信号的大小反映了转速的快慢。

为了检测转向，必须安装两个磁脉冲探头，而且两个探头之间需错开 1/4 个周期使两个探头产生的脉冲信号 f_1、f_2 在相位上相差 90°（1/4 周期），然后根据正转或反转时，两个脉冲信号的相位或超前或滞后由转向鉴别电路来判别，给出相应的正转或反转信号。

4. 流量传感器

常用的流量传感器有容积式、电磁式等。容积式流量传感器可用来检测油和水的流量，电磁式流量传感器只能用来检测导电液体的流量，相应的流量传感器实物图如图 8-13 所示。

(a)容积式流量传感器　　(b)电磁式流量传感器

图 8-13　流量传感器实物图

四、机舱巡回检测系统的使用及保养

轮机员除了要掌握系统的基本功能和工作原理外，还需对其进行正确的技术管理，其管理要点可归纳如下：

（1）要熟悉被监视的参数，重视对传感器的检查、清洁保养和校验，尤其对工作环境恶劣的传感器更要特殊对待。统计表明，监视系统 80%以上的故障发生在传感器上。

（2）在更换备件时，应注意备件板的名称、型号一定要与原板完全相同。

（3）在拔出或插入插件板时，必须先关断电源。

（4）焊接器件时，必须把电烙铁的电源插头拔下，在不带电的情况下利用余热进行焊接，以免损坏插件板上的器件。

（5）切忌用手触摸器件的片脚，以免产生静电使器件击穿。

（6）要熟悉常用印刷线路板，着重掌握印刷线路板的基本功能以及与外部设备或信号的连接，其目的是为了分析和查找故障，以便顺利换板。

第三节 火灾自动报警系统（二类轮机长）

在机舱或货舱，火灾初期一般是先有烟雾、不正常的温升和火光。因此为了及早地发现火灾，将其扼杀于萌芽状态中，可以借助各种传感器（自动探测器）将烟、热或光信号变成电信号，然后送入报警控制单元进行信号处理，发出报警及其他控制信号。这就是船舶的火灾自动报警系统。

一、火灾自动报警系统的结构

一套船舶舱室火灾自动报警系统主要包括探测器（含手动报警按钮）、报警控制器、区域报警屏、联动控制器、通信广播设备等五部分组成。火灾自动报警系统示意图如图8-14所示。

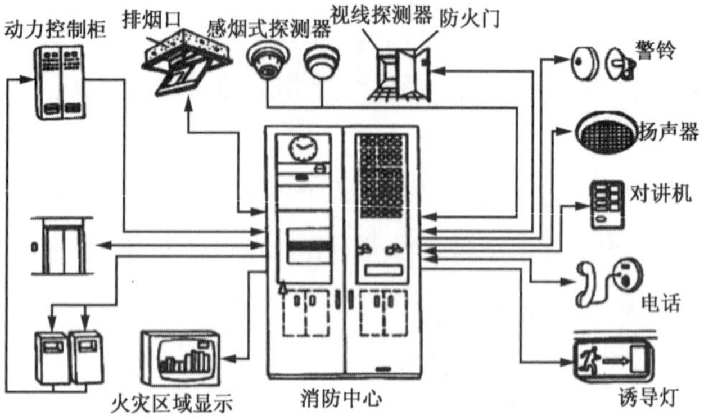

图8-14　火灾自动报警系统示意图

1. 探测器

探测器主要监测环境的有关物理量，如烟、光、热等，将其转换成与该物理量对应的电信号，并传送到报警控制器。手动报警按钮一般安装在人员经常出入的走廊、通道、楼梯口等明显的地方。探测器主要有感烟、感温和火焰探测器三种。

2. 中央控制单元

中央控制单元一般安装在驾驶台或消防控制中心内，主要有报警控制器和联动控制器。目前船舶上应用的报警控制器主要有继电接触器控制、可编程控制器（PLC）控制及微机控制等三种。其作用是接收火灾探测器从监控现场发送的火灾信号，经过处理后发出声、光火警报警信号并显示火警的区域部位，以便船员及早采取灭火措施。

3. 火灾区域显示器

火灾区域显示器一般安装在机舱集中控制室内以及船员生活区走廊内。它可以接收报警控制器的信号，显示外围连接电路断路等故障信号；在火灾发生时，可以指示报警部位并发出声、光报警。在辅助报警屏上可以复位各种报警信号。

4. 通信广播系统

通信广播系统主体的扩音设备安装在消防控制中心内，扬声器和电话分机等器件安装在现场，可以自动或手动发出语音报警信号。

二、火灾探测器

火灾探测器是火灾自动报警系统的检测单元的特征物理量，如烟雾、温度、火光等转换成电信号向火灾报警中央单元发送。对普通可燃物按其探测火灾参数的不同，可以划分为感烟式、感温式和感光式探测器等类型，而船上主要采用感烟式和感温式探测器。对易燃气体的探测较多的是采用气敏半导体探测器。

1. **感烟式火灾探测器**

（1）感烟管式火灾探测器

感烟管式火灾探测器如图 8-15 所示。它是利用烟雾浓度不同其透光程度不同的原理来检测的，抽风机把所监视舱室的气样由集烟管 1 和感烟管排出。光源 3 经透镜变成平行光分别照射在测量光电池 4 和基准光电池 5 上。当气体中烟雾浓度增大时，基准光电池 5 产生的电信号不变，而测量光电池 4 产生的电信号减小。把这两个电压信号送至放大器 6，当两电压差达到一定值时，发出火灾报警信号。

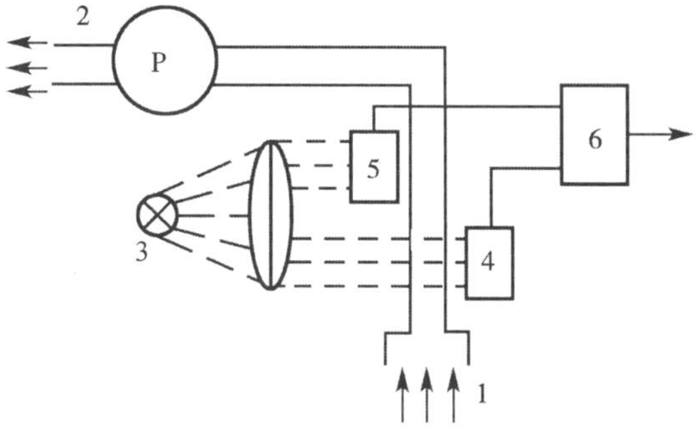

图 8-15 感烟管式火灾探测器原理

1—集烟管；2—风机；3—光源；4—测量光电池；5—基准光电池；6—放大器

（2）离子式火灾探测器

它由内、外电离室及检测电路组成。该探测器是根据烟雾颗粒能吸附离子的原理，利用同位素镅 241 放射 α 射线所产生的离子流随烟雾浓度增大而减小的特性来探测烟雾。

2. **感温式火灾探测器**

船上常用的感温式火灾探测器有定温式、差温式和差定温式三种。感温式探测器主要用于住室、走廊、控制室和舱室容积较小场所的火灾场所。

（1）定温式火灾探测器

定温式（或称恒温式）火灾探测器是根据监测点温度达到某个设定值来探测的。常用的定温式火灾探测器有低熔点金属丝和双金属片，如图 8-16（a）、（b）所示。

当监测点温度达到设定值时，低熔点金属丝被熔断；利用膨胀系数不同的双金属片，受热弯曲使触头断开。它们可使一个继电器断电，其常闭触头闭合发出火灾探测信号。

（2）差温式火灾探测器

差温式（或称温升式）火灾探测器是根据监测点温度升高变化率来探测的，如图 8-16（c）所示。在火灾前期温度上升较快，如温度升高变化率每分钟超过 5.5 ℃时，使得气室内的气体快速膨胀，由于小孔放气量很小，气体来不及从小孔泄放，其压力升高，波纹膜片下弯使动触头与静触头闭合发出火灾探测信号。差温式火灾探测器也可以是采用热敏电阻及电子电路制成的。

（3）差定温式火灾探测器

差定温式火灾探测器是将定温式和差温式组合在一起，兼有两者的功能，扩大了使用范

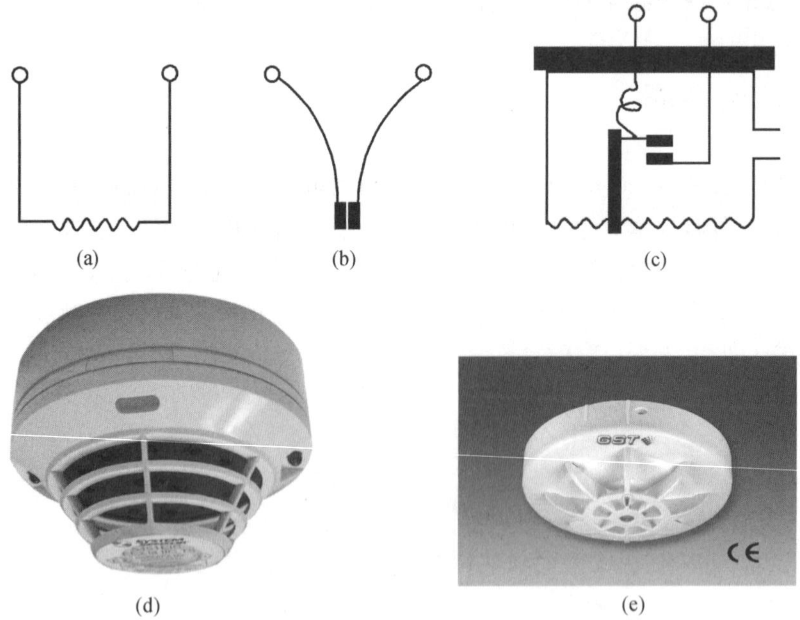

图 8-16 感温式火灾探测器及实物图

围，提高了可靠性：差定温式火灾探测器一般多是膜盒式或热敏电阻式等典型结构的组合式火灾探测器：差定温式火灾探测器按其工作原理又可分为机械式和电子式两种。

3. 手动报警按钮

手动报警按钮与火灾探测器的功能基本相同。探测器是自动报警，而手动报警按钮是人工手动报警，两者输送的报警电信号都传输到报警指示设备，发出火灾报警信号。

手动报警按钮安装于经常有人出入的通道、走廊、控制站、公共舱室等场所。当巡逻员或附近人员发现火警，可取下小锤或用其他物体击碎玻璃，该手动报警按钮即自动向报警指示设备发出报警信号，同时在按钮上确认灯发亮、表示信号已送出。一般来讲，手动报警按钮只需击碎玻璃即自动动作，也有的在击碎玻璃后需按下按钮。手动报警按钮的外形及内部线路图如图 8-17 所示。

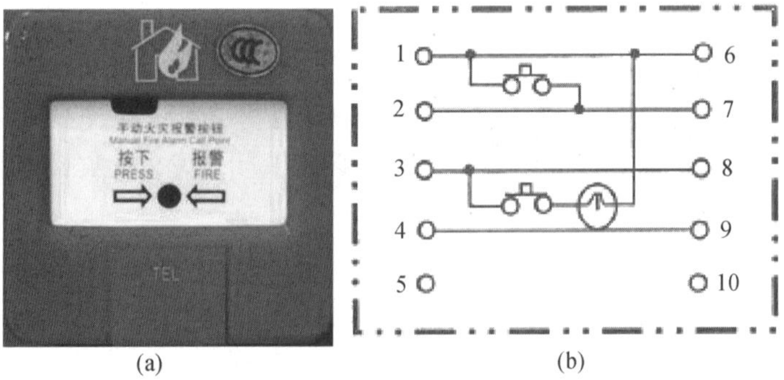

图 8-17 手动报警按钮的外形及内部线路图

4. 气敏半导体火灾探测器

目前在易燃气体探测器的实际应用中，采用气敏半导体（或称金属氧化物元件），它是铂金属丝上涂以金属氧化物,在高温中焙烧而成。气敏半导体品种很多,主要有氧化锡、氧化锌、氧化钴、氧化铁和氧化镍等,其中氧化锡使用最广。用这些氧化物制成的气敏半导体,按其性质可分为N型和P型两大类。N型气敏半导体元件,在遇到敏感气体时,其电阻值减小;而P型气敏半导体元件,在遇到敏感气体时,其电阻值增大。气敏半导体火灾探测器结构与实物图如图8-18所示。

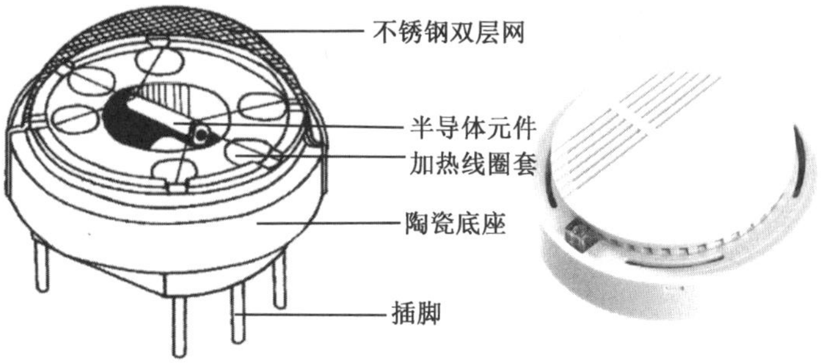

图8-18 气敏半导体火灾探测器结构与实物图

第四节 实操训练

实训一:机舱集中监控与报警操作(二类轮机长)

一、任务要求

1. 认识机舱集中监控与报警设备。
2. 能按照机舱报警流程处理相应报警。

二、任务准备

1. 综合报警仿真台一套。
2. 机舱集中监控与报警仿真系统40套。

三、任务实施

1. 讲解机舱集中监控与报警的作用与功能。
2. 讲解综合报警仿真台各部分的组成与作用。
3. 讲解机械故障、火灾等不同类型报警信号发生后的处理办法。
4. 人为设置故障后,学生在机舱集中监控与报警仿真系统中进行实操训练。

参考文献

[1]赵殿礼,张春来,赵楠楠. 船舶电气设备与系统[M].2 版. 大连:大连海事大学出版社,2017.

[2]郑华耀. 船舶电气设备及系统[M]. 大连:大连海事大学出版社,2005.

[3]秦曾煌,姜三勇. 电工学[M].7 版. 北京:高等教育出版社,2009.

[4]刘德宽,姚昌栋. 船舶辅机与电气[M]. 大连:大连海事大学出版社,2016.

[5]封晓黎. 船舶电气[M]. 大连:大连海事大学出版社,2005.

[6]查辅江. 船舶电气与自动化[M]. 南京:江苏凤凰教育出版社,2017.

[7]李世臣. 轮机自动化[M]. 大连:大连海事大学出版社,2008.